I0166440

ÉLOGE DU PET,

PRONONCÉ

DANS LA SOCIÉTÉ

DES FRANCS-PÉTEURS.

Difissâ nate pepedi.

PROFONDÉMENT affligé de voir le PET banni loin de ces murs, s'éloigner de la société des hommes, en gémissant tout bas ; ma douleur s'est infiniment accrue, lorsque j'ai considéré que cette injuste proscription étoit contraire à la conservation de la république, et dans quel tems encore, respectables frères-péteurs ? dans un tems où, selon notre ancienne coutume, nous célébrons la fête du *Carnaval* et du *Carême-prenant*.

Est-il une action plus cruelle, plus

A

déplorable, plus susceptible d'arracher des pleu s, même à des yeux de fer, que celle de chasser d'un pays libre et de priver de toute société, non seulement le conservateur de la liberté publique, mais encore, j'aurai le courage de le dire, l'auteur même de notre existence, l'arche de notre salut et les délices du peuple; enfin, de le siffler, de le rassasier d'opprobres. Quoi ! il sera permis à d'autres pestes de différentes natures, telles que les filles, les escrocs, les voleurs et les juifs, d'infecter nos cités; tandis que le meilleur citoyen, celui dont il n'est personne qui ne vante les bienfaits, n'aurait pas même la permission de rester en *paix* dans ses foyers, et d'y respirer l'air natal ! Est-il bien possible que les hommes soient parvenus à un tel degré de folie et d'aveuglement, que déjà c'en serait fait de mon illustre et malheureux client ; de son existence et de son nom, s'il n'avait trouvé dans votre sein, honorables membres de notre bruyante société, des hommes assez courageux, assez jaloux de leur liberté, pour vouloir défendre leur *franc-péter* contre la faction hypocrite et intolérante des *culs serrés*, qui le proscrivent sans pudeur?

L'entreprise la plus difficile sans doute, je l'avoue, est celle qui a pour objet d'arracher aux vils esclaves de l'habitude et des vieux préjugés érigés en opinion dominante, des coutumes bizarres qu'une longue succession de siècles a consacrées, mais comme l'expérience nous a pleinement démontré que l'ignorance et une aveugle jalousie opéraient chez les hommes la variabilité des idées, je veux m'écrier avec Mahomet et Voltaire:

« Je viens après mille ans changer ces lois grossières ».

J'ai donc conçu la possibilité d'une heureuse innovation, à la faveur de laquelle combattant et terrassant le préjugé qui, si long-tems, a jeté de l'odieux sur le *pet*, je veux le venger et lui rendre tous les honneurs qui lui sont dûs.

Je me flatte même de réussir, lorsque je vous aurai développé, d'une manière claire et précise, sa naissance, son éducation, sa profonde connaissance dans les arts libéraux, les qualités de son esprit, l'éclat de sa vertu, sa dignité et la somme d'utilité qu'il présente dans les affaires tant publiques que particulières. Les torrens de lumières qui jailliront de mon discours et les richesses de mon érudition, vont en un clin d'œil dissiper les épaisses vapeurs que la calomnie a osé amonceler contre lui, trop bien, hélas ! secondée dans ses barbares projets, par la perfidie ou la stupidité de tous les cerveaux mal organisés. Permettez-moi de tousser, moucher, éternuer, cracher. D'abord je *pète*, et j'entre en matière.

ANTIQUITÉ DU PET.

Son origine.

Le premier objet qui se présente à mon esprit, mes chers frères, est l'antiquité du PET. Or, je le demande, quel est l'homme si borné, si lourd qu'il puisse être, qui ne conviendra pas que l'ancienneté du PET ne le cède en rien à celle de l'univers et des humains. Vous le savez comme moi, je n'avais pas besoin de le dire, mais j'ai la parole, laissez-moi faire de l'esprit. Je prouve donc.

Aussitôt que le suprême architecte de tout ce qui existe eut paîtri de ses divines mains cette superbe bête à deux pieds, sans plumes, appéllée HOMME, lorsqu'il eut soufflé dans le sein de cette masse, encore inanimée et inerte, cet esprit subtil et igné qui lui donna la vie et le mouvement, (1) lorsque cette faculté d'exister eut besoin de se manifester au dehors par l'exercice des fonctions animales, croira-t-on que le modeleur éternel ait ignoré le point le plus essentiel, et qu'il ait omis de donner à sa créature le moyen de pousser au dehors, l'air intérieur, qui, intercepté dans les capsules, nuisait à la perfection de son ouvrage ? Ne voyons-nous pas le figuriste employer tous ses soins pour empêcher les globules d'air de se glisser entre le moule et la cire liquide qui doit se rassasier de l'empreinte ? Dieu pouvait-il ignorer ce pre-

---

(1) Les savans ne nous ont pas dit si l'Être suprême souffla dans la bouche d'Adam, pour l'animer, ou si ce fut dans son antipode; cette question était pourtant aussi digne de leurs recherches, que tant d'autres inutiles.

mier élément de l'art de modeler ? non,
sans doute. Ensuite, le premier homme,
qui ne savait pas encore rougir et ne
connaissait pas les lois tyranniques de la
civilité, a-t-il pensé, croyez-vous, à
comprimer, à étrangler au passage,
cet air qui ravageait son sein et cher-
chait impatiemment une issue ? non,
tout s'accorde à nous faire croire qu'il
péta au nez de celui qui venait de lui
donner l'existence, et que l'Etre suprême, loin de s'en fâcher, fut si content d'avoir réussi, que pour récompen-
ser son ouvrage, il forma le projet de
lui donner une compagne. Observez
donc, chers frères, que 1°. nous devons
l'origine de la femme à un pet; 2°. qu'A-
dam ayant pété, avant que de parler, le
Pet est incontestablement plus ancien que
la parole. Sentez bien mon raisonne-
ment.

S'il vous fallait d'autres autorités pour
vous convaincre que les premiers hu-

mains firent usage du PET , bien long-
tems avant qu'ils se servissent de la parole , j'invoquerais celle du savant Aristophanes , qui , dans sa comédie *des
Grenouilles* , dit que les hommes , dans
les premiers siècles d'une ignorance ab-
solue , ne savaient faire autre chose que
péter au nez de leurs concitoyens et
faire même encore plus ; c'est-à-dire ,
pour parler plus proprement ,

In os oppedere et merdâ sodalem fœdare.

comme faisait l'ange , chargé par le très-
haut d'apporter à déjeûner à Ezéchiel ,
qui , par parenthèse , devait faire grand
cas du PET , puisque ce qui le suit ordinairement ne lui déplaisait pas.

La généalogie du PET est si claire, que
si l'origine ci-dessus établie ne vous con-
vient pas , je vais lui en trouver une
autre. La nature , sur ce point , fut
encore moins parcimonieuse envers mon
héros ; son origine fut illustre. Je ne

m'étayerai point des prétentions hasardées de ceux qui le font descendre en droite ligne des *rectum* de Jupiter ou d'Orphée, nommés l'un *merdeux*, l'autre *fimo delibutus*, c'est-à-dire, son synonime. Tout le monde sait que ses auteurs sont de la noblesse la plus éclatante et la mieux acquise (ce qui est encore plus rare), quoique la tradition qui nous l'enseigne ait éprouvé des variantes et des critiques.

Aristophanes, dans une autre de ses comédies, intitulée PLUTUS, le dit fils d'un potage composé de pois et de riz : après avoir fait dire à Plutus : « J'avais mangé à moi seul la plus forte partie du potage » ; il lui fait ajouter : « Je PÉTAI *d'une force incroyable, tant mon ventre était enflé.*

Si on en doit croire Chamæléon, poëte de Pont, le PET est fils de la fève. Il raconte à ce sujet qu'ayant vu certain jour un âne qui se bourrait de féves, il eut une si grande envie d'en manger aussi, que le desir seul lui en tînt lieu et fit l'effet de l'aliment (1); chose merveilleuse et qui donne un terrible échec à tous les docteurs qui ont prétendu qu'il n'y avait pas d'effets sans cause. Ils m'objecteront que le rire a la propriété d'engendrer le PET, et dans ce cas je ne dispute plus; j'aime autant voir mon héros fils du rire, que des haricots; père lui - même de la gaîté, comme je le dirai par la suite, il n'en est que mieux le digne fils de son père.

Télémachus d'Acharnie, faisait des féves sa nourriture habituelle, afin de péter plus souvent, convaincu de la vérité de ce vieux proverbe, digne de l'école de Salerne.

» Il faut pour vivre longtems,
» A son cul donner force vents.

Diphile, médecin de Siphnos, l'une

(1) Voilà un homme bien aisé à nourrir!..

des Cyclades, attribue aux raves l'honneur de la maternité : Zénon, chef de la secte stoïcienne, l'accorde aux lupins ; c'est pour cette raison qu'ayant promulgué la loi qui accordait à tout le monde, de tel âge, de tel rang et de tel sexe qu'il fût, la liberté de PÉTER la plus illimitée ; il fit plus, il voulut se nourrir continuellement de ce légume, pour donner lui-même un exemple qui la rendît respectable. Je veux donc, pour n'être pas rebelle à l'autorité de tant de philosophes fameux, décerner le privilège de cette heureuse fécondité aux oignons, à l'ail, aux fèves, aux lupins, aux raves, au potage de pois et de riz, enfin à tous les autres alimens *pneumatiques*, pour me servir de l'expression grecque ; ou *venteux*, si vous l'aimez mieux en français.

Il est bien important, auguste Aréopage, que vous connaissiez imperturbablement toutes les ramifications gé-

néalogiques de mon héros, afin que
l'éponge de notre jugement efface pour jamais les taches dont la malignité de quelques hommes mal intentionnés essaierait
de le couvrir. Gardons-nous sur-tout
d'assimiler ou de confondre le PET pour
lequel je parle, avec cet atôme de
PET, débile et maigre production de
la *Polente* (1); celui que Plaute a livré
à l'ignominie, sur la scène de Rome,
dans la comédie qui a pour titre :
CURCULIO, et dont la parenté, un peu
éloignée à la vérité, si toutefois elle
existe, peut déshonorer notre héros ;
car, il n'est pas fait encore pour paraître sur la scène, quoiqu'au rapport de Plutarque, les rois de Chypre
aient fait la même chose, à leur re-
tour en Phénicie, lorsqu'Alexandre

_____

(1) La Polente est une bouillie faite avec
de la farine d'orge brûlée. Elle est encore
en usage dans plusieurs contrées d'Italie.

le Grand y étala orgueilleusement la pompe du triomphe. Pourquoi notre héros n'aurait-il pas les honneurs du théâtre, où il ne s'est encore glissé qu'*incognito*, puisqu'on y crache, que l'on y tousse, que l'on s'y mouche, etc.? Néron, Héliogabale et autres empereurs n'ont-ils pas aussi joué la comédie? Auguste n'a-t-il pas déclaré que les acteurs étaient exempts du fouet? Tite-Live nous assure que l'histrionnage ne déshonnorait point dans la Grèce. Macrobe va plus loin. Nulle part les acteurs n'ont été flétris par le préjugé. Mais supposons qu'il en ait été autrement; l'opprobre, s'il existait, ne doit frapper que ceux qui se donnent en spectacle sur les planches, sans y être forcés; or ce reproche ne pourrait être raisonnablement fait à mon client, puisqu'il y a été conduit par violence, et mis en action contre son gré, par un être de la plus vile condi-

B

tion, par un glouton, un parasite effronté et un plat bouffon.

Il est, par exemple, extraordinairement difficile de résoudre une question qui a été long-tems agitée et toujours sans succès : il s'agit de donner à mon héros, un corps, une figure, de déterminer sa taille, son port et sa couleur. Il faudrait pour expliquer tout cela se servir du ministère d'un coq amoureux, et employer celui qui, pardonnez-moi le terme, répand autour de lui les émanations les plus sensibles à l'odorat, et étale avec plus de magnificence la pourpre éclatante de son plumage. Cependant si, dans un doute de cette espèce, il est permis de recourir aux conjectures, nous devons présumer, eu égard à la très-petite ouverture de son logis, par laquelle il passe pourtant encore très-à l'aise, nous devons, dis-je, croire qu'il est très-maigre et très-fluet. Nous

pouvons sur ce point nous en rapporter au témoignage de Catulle, de
ce poëte charmant, le plus joyeux et
le plus plaisant des beaux esprits, à
qui la nature bienfaisante avait donné
une vue si bonne et si perçante, qu'il
a pu voir le pet subtil et presqu'in-
sensible de Libon. (1)

O le plus fortuné des citoyens de
Véronne ! tu as eu l'honneur de voir
en face notre invisible héros ! hélas !
aucun de nous n'a eu ce privilège glo-
rieux et digne d'envie. Nous sommes
trop profanes. Que dis-je, nous !...
disons plutôt que, de mémoire d'homme, les dieux n'ont fait cette faveur
à aucun être vivant.

Quant à son idiôme, frères péteurs,
c'est un autre prodige ; semblable au
St.-Jean de l'Evangile, à nos docteurs

_____

(1) Subtile et leve peditum Libonis.
CATULLE.

B 2

en théologie, et à beaucoup de nos
orateurs modérnes, tout le monde l'entend, personne ne peut le comprendre.
Dans quelque contrée de la terre que
vous l'entendiez, vous verrez avec
étonnement qu'il parle dans un dialecte
étranger, et totalement hors la portée
de l'intelligence humaine, ce qui déconcerte tous les savans qui prétendent
savoir toutes les langues, et le père
Bougeant lui-même, qui a si bien ex-
pliqué celle des oiseaux. C'est au point
que j'ai de la peine à convenir, qu'A-
ristophanes lui-même l'ait entendu et
compris, lui pourtant qui causait bien
familièrement avec lui et le quittait
bien rarement ; il dit dans sa comédie des *Nuées* :

« Mon potage fait, dans mes entrail-
« les, un bruit de tonnère ; c'est un
» fracas épouvantable, qui d'abord
» s'annonce par le son de *pappax*,
» bientôt, il redouble et l'on entend

» *pa-pap-pax* ; et enfin, quand je
» suis sur la chaise, c'est l'explosion
» terrible de pa-pa-pap-pax ».

Or : ces paroles, pleines de l'harmonie descriptive, ce n'était pas devant quelques imbécilles, devant une poignée d'allemands épais et grossiers, que le sublime Aristophanes les proférait, mais bien devant le sage et immortel Socrate, qui goûtait ces choses bien mieux que nous. Il est donc évident, frères péteurs, que le PET a un dialecte à lui seul, et une éloquence qui lui est particulière ; c'est donc avec une souveraine injustice que ses détracteurs, pour le perdre dans l'estime des hommes, l'accusent d'une bavarderie insignifiante, et nous-mêmes d'une torpeur coupable et d'un défaut de sentiment. Laissons, frères péteurs, ces hommes sans goût, déblatérer sans cesse contre notre héros ; et l'accuser de prononcer difficilement, de bégayer,

B 3

et d'avoir la langue pesante. Certes, il a trois dialectes bien distincts. A son enfance, c'est PA-PAX, à son adolescence, c'est PA-PA-PAX. A sa maturité, c'est PA-PA-PAP-PAX.

Ce n'est pas une médiocre entreprise, pour la défense de notre client, que de faire voir qu'il a reçu par son éducation, tous les principes de la pudeur, de l'honnêteté, et que ses mœurs irréprochables répondent à cette éducation. Ce n'est pas au milieu de la pompe et du bruit des affaires publiques, que sa modestie est à l'aise, non; il ne se plut jamais que dans la solitude du cabinet, éloigné du tumulte des cours et des bruyantes assemblées : « Il s'est exilé du barreau » et des palais somptueux des citoyens » puissans ».

Il savoit trop combien il est important de se mettre à l'abri du froissement des affaires politiques, des

haines civiles et des autres dangers
qui nous environnent , pour ne pas
se contenter des douceurs de la vie
privée, comme Curius , et vivre sagement pour lui-même et non pour des
ingrats. Ajoutons à cela , qu'il était
assuré d'être plus utile à la république ,
(ce qui équivaut bien à la puissance),
s'il se dérobait à l'avide et maligne
curiosité des scrutateurs de ses habi-
tudes particulières , et n'occupait les
oreilles de ses concitoyens que dans
la juste proportion de ses forces. C'est
ce prudent amour de l'obscurité qui
l'a décidé à préférer , pour demeure ,
les bains, les boudoirs et les endroits
les plus reculés d'un logis , enfin les
lits , comme le PET du jeune homme
qu'Aristophanes nous représente enve-
loppé de cinq couvertures.

Si nous considérons sa moralité , sa
bienveillance envers les citoyens, n'est-
elle pas la plus signalée ? Je passe

sous le silence tous les services précieux qu'il a prodigués à tout le monde. Qui de vous, frères péteurs, seroit assez ingrat, assez dénaturé, assez ignorant, assez effronté, pour révoquer en doute la reconnaissance qu'il a méritée de vous, de vos femmes, de vos enfans, de votre domestique, de notre république, en un mot, de tout le genre humain ? Ses bienfaits sont si notoires que, non-seulement, les nations les plus éloignées et les plus barbares avouent ce qu'elles lui doivent de gratitude, mais encore les animaux, que leur instinct et leur nature portent à le chérir. En effet, la truye entend-elle le PET, elle accourt soudain, à son bruit, pour lui demander sa nourriture.

Quoique l'amour de la solitude l'ait séquestré, il ne rougit pourtant pas de se permettre quelque distraction, et de se glisser quelquefois dans les

assemblées publiques, pour s'y délasser,
s'y mettre à son aise, et y apporter
le rire et la gaîté, qu'il partage avec
ce qui l'environne. Là, il se donne
carrière au milieu de l'allégresse générale ; il se plait au milieu de ces
éclats du gros rire, qui bien souvent
brisent la barrière derrière laquelle il
était caché. C'est ce qui m'autorise à
croire que l'immortel Démocrite, le
plus grand rieur de l'univers, sans
contredit, en devait être par la même
raison le plus intrépide péteur.

L'austère Brutus et l'éloquent Cicéron n'étaient pas plus jaloux de la liberté que notre héros ; car si l'on veut
l'asservir ou l'emprisonner, il soulève
les pierres, brise les obstacles, les
liens et les chaînes ; il se fait jour
enfin, en faisant obéir les portes qu'on
avait le mieux fermées.

Si nous voulons détailler les facultés
intellectuelles du PET, et la culture de

son esprit, nous le trouverons certainement très-versé dans tous les genres
de sciences et d'arts libéraux. Un seul
exemple va prouver combien il était
éloquent. Un jour que Métroclès, frère
d'Hypparchie (1), et disciple de Théo-
phraste, était concentré dans la médi-
tation, il arriva, je ne sais comment,
qu'ayant laissé échapper un pet, il
rougit et en eut tant de honte et de
chagrin, qu'il s'enferma chez lui, dans
la ferme résolution de se laisser mourir
de faim. Le philosophe Cratès, son
beau-frère, en ayant été informé, se
rendit auprès de lui, après avoir eu

---

(1) Ce Métroclès qui rougit pour un pet,
est bien différent de sa sœur, qui, éprise
pour le dégoûtant Cratès, non-seulement
pétait bien en compagnie, mais faisait en
public, ce que n'osait faire au lit avec sa
femme le pudibond Louis IX. Voyez l'édition
que j'ai donnée des amours d'Hypparchie et
Cratès. 1 vol. in-18.

la précaution de manger des fèves et des lupins en abondance. Il fit tomber la conversation sur un sujet propre à faire diversion à la gravité de Métroclès, lui disant que ce serait une chose absurde et inouie qu'il ne fût pas permis d'obéir à la nature, et qu'on dût se séparer de la société, parce qu'on a donné un libre cours à un peu d'air. A la fin de son discours, l'orateur lui-même lache un pet énorme, pour joindre l'exemple au précepte et consoler Métroclès, en lui associant un coupable. Le remède fit merveille ; Cratès, depuis ce tems, l'entendit, et Métroclès, rendu à ses études, fit les plus grands progrès dans la philosophie. O pouvoir étonnant de l'éloquence ! Exploit digne d'une immortelle gloire ! Cratès savait bien que toutes ses paroles n'auraient aucun poids, s'il ne les accompagnait de l'invincible éloquence du PET. Personne ne doutera que le fameux

philosophe Cratès ne se fût approvi-
sionné des raisonnemens les plus victo-
rieux, en entreprenant de combattre
Métroclès, et pourtant toutes ces dé-
penses étaient en pure perte, si la vertu
du PET ne fut venue à point donner de
l'action et du mouvement à la langueur
des lieux communs et des verbiages
oratoires. Une seule monosyllabe, un
seul son fit ce que Cratès n'eût pu opé-
rer avec la plus riche et la plus vaste
réunion de sentences.

On doutera moins encore que le PET
n'excelle dans l'art musical, si l'on veut
bien lire le livre de Saint-Augustin,
évêque d'Hyppone, *de la cité de Dieu;*
où il dit : « qu'il est beaucoup de gens
» qui ont l'art de faire des pets si ca-
» dencés, si harmonieux et à volonté,
» qu'on serait tenté de croire qu'ils chan-
» tent par cette partie de leur corps,
» et ce qui est plus étonnant, ces pets
» n'ont aucune odeur, aucune suite
      désagréable ».

désagréable ». (1) On peut associer à
ces musiciens de nouvelle espèce, ce
germain qui accompagna Maximilien
César et Philippe son fils, à leur arrivée
en Espagne. Il n'y avoit aucun chant
qu'il n'exécutât avec l'antipode de sa
bouche. Aristote nous assure que la tourterelle pète fréquemment, quand elle
chante, ce qui a donné lieu au proverbe : *La tourterelle chante*, lorsque
quelqu'un donne carrière à son posté-
rieur. Nicarque a dit aussi fort à propos,
qu'il y a dans le PET une certaine mélo-
die confuse et naturelle.

Tous ces avantages, frères péteurs,
seraient d'une médiocre importance à
l'histoire et à la gloire de mon héros,

---

(1) Voy. le *Naudaeana*, pag. 102 et 103 ;
Paris, 1701, in-12. *Fr. Roger* au voyage de
la Terre Sainte, pag. 230, et les *Essais de
Montaigne*, liv. Ier. chap. 20, page 62 de l'é-
dition in-8°.

C

s'ils étaient privés de cette vertu qui régit les mœurs et devient la modératrice de toutes les actions humaines. Mon client est si richement doué des belles qualités du cœur, et des vertus Sociales, qu'on est tenté de le regarder comme un prodige. Un trait de sa reconnaissance s'offre à mon esprit : il est sans exemple qu'il ait jamais fait du mal à celui qui le laisse aller librement; tant il est scrupuleux observateur de la justice et du droit des gens. Semblable à Apollon, *ennemi des méchans*, il sauve du danger quiconque est travaillé par un tumulte intérieur et une plénitude fatigante qui menace ses jours.

Qui ne sait pas que le PET est surtout recommandable par son respect pour la religion, cette mère de toutes les autres vertus ? Témélaque d'Acharnie, pour l'avoir toujours à ses ordres, lui prodiguait les alimens qui lui sont le plus agréables, et ne mangeait tous les

jours qu'une marmite de haricots, et
cela, dans la seule vue de pouvoir célé-
brer par l'harmonie du PET la fête an-
nuelle des mangeurs d'haricots (1). O
monument éternel de religion ! mais
pourquoi ne citer que Télémaque ? les
femmes de l'Attique ne trouvèrent aucun encens, aucun parfum plus digne
d'être offert à l'honneur d'Apollon, que
l'odeur suave du PET. Et pour que les
thuriféraires ne se trouvassent jamais
en défaut, il fut prescrit par une loi ri-
goureusement exécutée, que les habitans
ne se nourriraient rien que de légumes.

On ne peut trop admirer ici la so-
briété du PET, et combien il est aisé
de le nourrir. Heureux avec de l'ail,
des lupins, des raves, des oignons, des
féverolles, et autres mêts vils et abjects
de cette espèce, il devient fort et vigoureux; il méprise les mets somptueux

_____

(1) Elle se célébrait à Athènes au mois
d'octobre.

et recherchés du luxe et de l'opulence, qui
l'enerveraient et le meneraient au néant.

Nul être vivant ne possède au même
dégré que mon client, cette imperturbable équité qui consiste à donner à
chacun ce qui lui appartient, et à venger sévèrement les injustices. S'il prend
à quelque personne la coupable fantaisie
de le comprimer, de l'étouffer, et de
l'arrêter dans sa marche, lorsqu'il veut
sortir, il est si jaloux de jouir de tous
ses droits, si ardent à défendre sa liberté, qu'il donne la torture au téméraire et pousserait son courroux jusqu'à
lui donner la mort. Je citerais, frères
péteurs, mille exemples de ceci, mais
je crois plus sage de les passer sous le
silence, pour ne pas vous ennuyer. S'il
veut en agir plus humainement, la vengeance qu'il tire de cette audace, quoique plus douce, n'efface pas moins son
injure. Car, si après avoir fait tous ses
efforts pour le neutraliser, en lui oppo-

sant une porte bien fermée, on a réussi,
il arrive que si, pour amortir sa violence
et suspendre sa course, on entr'ouvre
tant soit peu la porte ; alors, nouveau
protée, mon client change de sèxe, la
mêche est éventée, le crime découvert
et une odeur, que le pet n'eut jamais,
annonce qu'il y a plus que du vent.

Mon client soutient si bien son pouvoir et sa dignité, que s'il s'apperçoit que
quelque plaisant veuille faire ses gorges
chaudes à ses dépens et le mépriser, il
devient furieux, jusqu'à ce qu'il ait fait
subir à l'insolent la peine du talion. Je
citerai pour exemple, l'anecdote inté-
ressante que Fréderick Dedekindt (1) a
décrite, ainsi qu'il suit.

_____

(1) *Frédérick* DEDEKIND, allemand, publia dans le seizième siècle un ouvrage dans
le goût de l'*Éloge de la folie*. C'est un éloge
ironique de l'impolitesse et de la grossièreté,
intitulé : *GROBIANUS sivè de incultis moribus*
et inurbanis gestibus. Francfort, 1558, in-8°.

C 3

« Un grand orateur avoit été envoyé
» en ambassade auprès d'une nation
» étrangère. Il avait à faire briller son
» éloquence devant un cercle de dames
» et de demoiselles d'honneur qui en-
» touraient la princesse devant laquelle
» il parlait : lorsqu'il fut question de
» commencer sa harangue , la timidité
» et l'inquiétude s'emparèrent de son
» ame , et il tint les yeux baissés vers la
» terre. Il se remet néanmoins, et avant
» d'ouvrir la bouche , il salue , comme
» c'est l'usage. Mais tandis que le pau-
» vre diable se courbe trop , cette pos-
» ture donne passage à un vent de bonne
» taille ». Il ne se déconcerte cependant
pas , et sans rougir , il poursuit grave-

L'auteur parait avoir eu plus de finesse dans
l'esprit que ses contemporains n'en avaient
alors. Il est rare de trouver ce poëme avec
le GROBIANA qui en est la suite ; aussi le dictionnaire historique ne parle-t-il pas de ce
dernier poëme.

ment son discours. L'auditoire fait sem-
blant de n'avoir pas entendu le fugitif,
excepté une jeune fille qui ne put s'empêcher de rire. Mais hélas ! tandis qu'elle
ne songe qu'à se donner carrière aux dépens de l'orateur, elle oublie elle-même
de serrer les fesses, et trousse adroitement un pet si doux, si harmonieux,
qu'on l'eût pris pour le son d'une lyre.
L'orateur qui l'a entendu, quittant son
sujet pour couvrir sa propre inadver-
tence, parle ainsi à cette assemblée de
demoiselles : « Allons, mesdames, con-
» tinuez, chacune à votre tour, ne vous
» gênez pas, car cela fait beaucoup de
» mal, et lorsque mon tour reviendra,
» je m'acquitterai bien de cette besogne.
» — La demoiselle qui avait d'abord ri,
» rougit jusqu'au blanc des yeux, et ne
» sçut plus de quel côté tourner ses re-
» gards. L'assemblée entière partit una-
» nimement d'un grand éclat de rire
» qui acheva de la décontenancer, et la

» harangue n'alla pas plus loin ». Vous
voyez , pères péteurs , combien mon
client fut prompt et sévère à punir l'in-
solente femelle qui s'était si bien amusée
à ses frais , sans réfléchir que pareil malheur pouvait lui arriver. Qui est-ce qui
n'a pas été à portée de se convaincre de
la magnanimité , de la sublimité d'esprit
de mon client ? Aussitôt qu'il voit qu'un
de ses compagnons est timide et tremblant , on le voit honteux de tant de
couardise , tout entreprendre pour abandonner un indigne collègue , pour ne
point paraître complice de sa poltron-
nerie et de sa pusillanimité. C'est ce qu'a
éprouvé cette vieille dont parle Aristophanes, dans son *Plutus*, à qui la crainte
faisait lacher des vents plus puans que
des pets de chats , et l'homme, qui ves-
sait de peur , au rapport de Lucien.
Voyant Aratus de Sycione tremblant et
chancelant à l'approche d'une bataille ,
il aima mieux l'abandonner que de sup-

porter la perte de sa propre estime, c'est au moins ce que nous rapporte Plutarque, dans la vie de ce citoyen. Mais ce courage n'est rien, mes chers auditeurs, auprès de ce qu'il fit, lorsque voyant le dieu Priape lui-même épouvanté par la présence de quelques vieilles sorcières, il le chassa de sa société, pétant d'une si grande force, au rapport d'Horace, que l'on eût cru que c'était un outre que l'on crévait.

L'empereur Claude (1) a reconnu l'utilité du PET, dans une république, et combien la santé des citoyens souffrirait de son absence, s'il ne lui accordait le droit de bourgeoisie, après un long exil

---

(1) Voyez Suétone, vie de Claude César, chap. 32, page 274, *edit. Patini*.

Les Juifs prétendent que quand ils pètent en faisant leurs prières, c'est un mauvais augure, et un bon, lorsqu'ils éternuent. Ils n'osent ni péter, ni allumer leur feu le jour du sabbat. Les Turcs sont de même.

de la cité , et ne le remettait pour ainsi
dire à l'endroit d'où on l'avait enlevé.
Non-seulement il fut réintégré dans les
droits de citoyen , mais encore admis
aux *banquets publics* , *et aux fêtes
nationales*. L'empereur exécuta ce qu'il
avait long-tems médité , et un arrêt fut
rendu, par lequel il était permis de donner l'essor et la liberté aux pets , dans
les festins. Certes , l'honneur d'être rap-
pellé d'exil par un décret , n'avait encore
été fait à personne. Mais, hélas ! lorsque
la cruelle mort eut enlevé à l'empereur
romain le plus sage , la gloire qu'un tel
édit lui avait faite, mon client fut encore
obligé de se séquestrer de la société et du
commerce des hommes , au grand détri-
ment de l'existence publique; car enfin ,
s'il avait été conservé dans la jouissance
de tous ses droits , et , si j'ose m'expri-
mer ainsi , dans les entrailles de la république , une foule d'incommodités ne
nous aurait jamais assaillis. Claude avait

été poussé à faire cette action de justice par les cris unanimes et le danger de tous les citoyens , et il n'avait pu se refuser à leur instance. Il se montra tellement le protecteur et l'ami de mon héros , que l'usage de la voix l'abandonna, avant la faculté de mettre mon client en action , j'ai pour garant de cette assertion Sénèque , qui , dans l'apothéose de Claude , conte que lorsque cet empereur rendit le dernier son de voix , on ne s'en apperçut que par un bruit épouvantable sorti de la partie par laquelle il s'exprimait le mieux.

Le PET n'est-il pas précisément l'air que nous respirons ? n'est-ce pas cet air-là que le chasseur Céphale , couché sous un arbre , sollicitait si amoureusement ? Céphale n'adressait point ses vœux à ce souffle léger du zéphir , qui caresse les fleurs et diminue la chaleur de l'atmosphère , mais bien à l'air que l'exercice et l'agitation de son corps avaient fait résonner au-dedans de lui-même , et qu'à force de caresses et de prières, il voulait attirer au-dehors ; voilà ce qui excita la jalousie de Procris. Eh quoi ! pères péteurs ! vous paraissez incrédules ? vous remuez la tête : c'est à tort : eh bien, opposez-vous à son impétuosité, fermez-lui tout passage, et vous éprouverez certainement que l'homme ne peut pas se passer de son ministère : je ne parle pas seulement de cet air bruyant et mélodieux, mais de celui qui s'échappe tout doucement et fait ses évolutions sans tambour, ni trompette. Vous avez beau dire, aucun de vous ne vivrait un seul jour sans lui. C'est à lui que nous devons rapporter entièrement la conservation de nos familles, enfin une foule d'avantages que nous ne pouvons nier sans nous rendre coupables du vice honteux de l'ingratitude. A quoi bon citer tous les bons offices qu'il nous rend dans le cours de notre vie privée ?

Aristophanes, dans sa comédie des nuées,

nuées, à dit : Mon derrière est une
trompette, et le mot est passé en proverbe. Or, je vous le demande, à quoi
servirait la trompette, sans l'être qui
peut en sonner? A quoi bon cette trompette, si le PET ne la remplissait de
vent ? Je me souviens d'avoir vu et
entendu un certain bossu, qui avait si
bien le PET à commandement, que,
sans faire aucun effort, non-seulement
il en faisait tant qu'il voulait, mais qu'il
les graduait comme le chant, les rendait aigus ou flûtés, forts ou presqu'in-
sensibles. Il y a plus, il imitait avec eux
les sons de la trompette et du clairon,
il donnait le signal du combat, celui
de la charge et celui de la retraite,
comme s'il eût été en présence de l'ennemi.

Aucun de nous ne niera l'urgence
de se procurer la vie et des moyens de
la gagner. Eh bien, une infinité de
gens doivent à mon héros leur existence

D

et leur fortune. J'en vais donner un exemple. Il y avait à Anvers un tabellion d'Amsterdam qui, toutes le semaines, voyageait, tantôt d'un côté, tantôt d'un autre. Ceux qui ont vécu dans sa familiarité, racontent qu'il était si versé dans l'art de péter, qu'il le faisait comme et autant de fois qu'il le voulait, sans en rougir et sans jamais se tromper. Un jour qu'il s'agissait de payer une mesure de la plus excellente bierre, il convint avec son compagnon qu'elle serait le prix de celui des deux qui ferait le plus de pets, en montant la tour *Marianne*, qui est de la plus grande hauteur. Des arbitres sont appelés, et les concurrens sont en marche. A chaque dégré de cette tour, qui en a six cents vingt-trois, le tabellion fit un pet, et dit qu'il était prêt à en faire autant en la descendant, si son adversaire voulait parier une autre mesure. Mon héros lui valut donc l'avantage d'appaiser sa soif, sans altérer sa bourse ; il pouvait arriver que le tabellion, épuisé de chaleur et de soif, se trouvât dépourvu de finances, et le PET lui fut très-utile.

Je connais un mendiant, gueux de profession, qui, sachant donner à ses pets la cadence et les variations musicales, se sert de ce moyen pour gagner sa vie, en attrappant l'argent des curieux. On prétend qu'il y a des personnes qui se servent du PET, comme d'un éventail et d'un soufflet. Un homme de qualité étant à dîner avec un de ses amis, l'invita à se donner de l'air, lorsque les domestiques qui servaient à table furent congédiés. Celui-ci s'en défendit, alléguant qu'il avait une manière toute particulière. Eh bien ? dit le maître du logis, faites-le à votre mode, comme vous l'entendrez. Le convive usant de la permission, leva la cuisse droite et fit un pet, disant qu'il n'avait pas d'autre manière de se rafraîchir.

Rien n'est plus efficace que mon héros, pères péteurs, contre les sorts, les enchantemens, les philtres et les amulettes. Son bruit a la vertu d'épouvanter et de mettre en fuite les sorcières, les magiciennes et les empoisonneuses. On en voit un exemple dans Horace. Lorsque Canidie et Sagana évoquaient les ombres et exerçaient dans un jardin, les affreux mystères de leurs noirs enchantemens, en présence de Priape, ce dieu rempli de crainte fit un bruit semblable à l'explosion d'un pet ; alors, vous eussiez étouffé à force de rire, en voyant l'odieux sacrifice interrompu, les sorcières épouvantées fuir à travers la ville; Canidie en courant, laissait tomber ses dents, Sagana sa haute coëffe, et toutes deux les herbes et les bandelettes enchantées qu'elles avaient sur les bras.

Il est démontré par l'expérience et par l'usage de plusieurs siècles, pères péteurs, que ceux qui font le plus de cas

du PET èt·lui donnent la plus grande la-
titude possible , sont bien récompensés
de leur amitié pour lui , par une vie
très-longue. Zénon de Chypre , lui-
même, ce chef de la secte stoïcienne,
qui décréta qu'il était aussi permis de
péter que de roter , atteignit l'âge de
soixante-douze ans , sans avoir jamais
éprouvé la moindre indisposition ; il aurait vécu un siècle , s'il ne s'était pas
étranglé lui-même , pour terminer les
douleurs que lui causait une chûte dan-
gereuse qu'il avait faite. Cratès, ce philosophe cynique, qui consola Métroclès,
et le rendit à ses travaux , comme nous
l'avons raconté précédemment , mourut
dans l'âge le plus avancé, ou plutôt s'é-
teignit , comme une lampe. Métroclès
lui-même , frère d'Hypparchie , et qui
au rapport de Laërce , donnait amplement carrière à mon héros, pendant ses
méditations philosophiques , ne mourut
que parce que las de vivre , il se fit étouf-

fer , pour n'avoir pas les incommodités de la décrépitude.

De nos jours les Anglais ont bien rendu justice au PET , puisqu'au rapport de Furetière , tom. 2. de son dictionnaire universel , un vassal , dans le comté de Suffolck , devait faire devant le roi , tous les jours de Noël , un saut , un ROT et un PET.

A quatre ou cinq lieues de Caen , un particulier , par droit féodal , a long-tems exigé un pet et demi par chacun an. On voit encore dans certains cabinets d'antiquaires des figures égyptiennes du dieu PET , adoré à Pelouse. — Voy. *Chompré* , au mot *Crepitus ventris.*

Ah ! pères péteurs , il y a bien long-tems que la race utile des portefaix et des forts de la halle serait éteinte , si le secours de mon héros ne les rafraîchissait et ne leur donnait la force de supporter leurs charges. Aristophanes , dans ses *Nuées* , nous parle de Xanthias,

qui, près à succomber sous un fardeau
trop pesant, invoque l'assistance du
dieu PET, en disant : ma charge est si
forte que, si quelque ame charitable ne
vient me soulager, il faut que je pète.

Petronianus Corax, homme de la
même profession, se trouvant trop peu
de forces pour porter un fardeau, et
recourant au pet, pour retrouver de la
vigueur, levoit la jambe avec facilité et
lâchait un vent sonore, qui répandait
sur la route un tourbillon de vapeurs
méphitiques. Je ne suis pas le premier
qui ait fait de l'utilité du PET la matière d'une ample et sérieuse dissertation ; des érudits célèbres l'ont faite avant
moi. Martial cite Symmaque en ces
termes : « J'aimerais mieux t'entendre
» péter, car Symmaque dit que c'est
» une chose tout-à-la-fois salutaire, et
» qui provoque le rire et la gaîté »

J'ajouterai à ceci ce que Nicarque a
dit autrefois : le PET conserve ; et de

même que les Grecs avaient coutume
de dire à quiconque éternuait, *que les
dieux te conservent !* nous devons dire
avec bien plus de raison à celui qui est
travaillé par une colique venteuse, *que
le* PET *te conserve !*

　C'est donc une chose inouie que cette
haine, cette jalousie de quelques gens
dépourvus de sens, qui, comblés
des faveurs de mon héros, et devant
lui vouer la plus vive reconnaissance,
je ne sais par quelle fatalité attachée à
lui seul, méprisent et sa personne et
jusqu'à son nom. S'ils sont par hasard
obligés de parler de lui, on les entend
préluder par cette phrase banale : *sauf
votre respect !* O dieux immortels ! dans
quelle ville vivons-nous ? dans quel siècle ! Ils trouvent du mal dans la chose,
ils en trouvent dans le mot ! On trouve
le PET une chose honteuse ! certes, ce
sont eux-mêmes qui devraient être honteux, ces ennemis de la vie des hom-

mes et de la liberté publique ! Tullius,
ce modèle de l'éloquence romaine, et
qu'on peut appeler le père et le prince
des orateurs, a donné le nom de modestie
à la liberté des paroles, assurant que
cette opinion lui est commune avec
Zénon. En effet, les Stoïciens avaient
établi en principe que chaque chose
doit s'appeler par son nom ; delà cet
apophtegme de leur école : le sage par-
lera bien. Ils avaient sagement conclu
qu'aucune expression n'est par elle-
même, ni déshonnête, ni obscène. Quel
est donc le délire de ces impies qui aiment mieux parler énigmatiquement et
à mots couverts, que de se rendre intelligibles ! Aimerions-nous mieux l'autorité de ces profanes insensés, que celle
des respectables Stoïciens ? Qu'ils né
l'espèrent pas. Que dirai-je encore de
la folie de ces autres, qui se montrant
favorables à mon héros, injurient d'une
manière horrible, maudissent et don-

nent au diable sa taciturne sœur ; eh
pour quelle raison ? parce qu'elle s'attache plutôt au nez qu'aux oreilles ; et
qu'elle se glisse sans bruit , comme
les sicaires , sans qu'il soit possible
de se défendre contre elle. Les Grecs
l'ont nommée *Dolon* , ou *Deolon*
pour la distinguer de son bruyant et
libre frère , auquel ils ont donné le nom
de PORDEN (1)

Mais ceux qui blâment cette sœur
ne font-ils pas autant de mal que s'ils
intentaient un procès criminel à la discrétion , à la modestie et à la taciturnité , vertus dont les philosophes de
l'antiquité avaient fait la base de leur
sagesse. O tems ! ô mœurs ! ô siècle déplorable dans lequel la vertu même est
érigée en crime ! on outrage le respect,
la politesse , tandis qu'on devrait les

---

(1) L'ancien saxon *Purten* on *Furten* , le
haut allemand *Fartzen* , et l'anglais *Fart*.

combler d'éloges ! y aurait-il immo-
destie et impudence égales à celle d'interrompre un grave entretien par
un bruit soudain, qui scandaleuse-
ment provoque les éclats de rire, et
décontenance l'orateur ? Non, certes,
et vous avez la méchanceté de donner à
cette prudente sœur, les épithètes de
grossière et d'irrévérente, lorsqu'elle
est au contraire très-polie et très-res-
pectueuse ?... Que puis-je ajouter, si j'ai
réussi à les convaincre de l'injustice des
calomnies accumulées sur mon client !
N'ont-ils pas essayé de couvrir d'opprobre sa personne, sa moralité et ses ha-
bitudes, en les taxant de grossièreté et
d'indécence ? Cette sœur injustement
calomniée me paraît au contraire abon-
der dans leur sens, si ce mot du sage
Bias est vrai : le silence est une vertu
louable, dans ceux dont la vie est im-
pure et scandaleuse. Pythagore disoit
aussi : *tais-toi, ou donne-nous quel-*

que chose de meilleur que le silence.
Or, que dirait-elle qui valût mieux que
sa taciturnité ? S'ils m'objectent que ce
vent incommode et blesse l'odorat, je
répondrai qu'il a cela de commun avec
une nation entière, celle des *Parthes*,
qui ont tous l'haleine forte. Il pourrait
dire, ce que jadis Euripide répondit à
Decamnichus, qui lui reprochait ce
même défaut : Je ne fais pas grand
bruit, *mais je conserve beaucoup en
moi.*

Je mériterais, sans contredit, d'être
regardé comme un avantageux, un téméraire, si je prétendais, pères péteurs,
à la gloire de n'oublier aucune des
qualités de mon héros ; les anciens
avaient de lui une si haute idée, qu'ils ne
trouvèrent pas de symbole plus vrai,
plus sûr, pour consacrer l'amitié, que la
présence et la liberté de mon client, ce
qui a fait dire à Martial : « Je ne vois
» pas de meilleure preuve, Crispus, de
» l'amitié

» l'amitié que je te porte, que ton ha-
» bitude de péter en ma présence ».
Il fut aussi chez eux le symbole de l'o-
pulence; péter équivalait chez·eux à
faire parade de ses richesses : ce qui est
confirmé par ce proverbe : il est mort
en pétant. C'est encore ce qu'entend
Chrémylas, dans le *Plutus*, lorsqu'en
parlant d'Argire, le plus riche citoyen
d'Athènes, et le plus grand péteur, il
dit : » N'est-ce pas son opulence qui
» l'enhardit à tant·péter.

Nicarque, le plus ancien des auteurs
d'épigrammes, voulant laisser à la
postérité un digne éloge du PET, ne
trouva rien de plus convenable à sa
dignité, à sa bienfaisance et à son autorité, que de le comparer à la majesté
royale. C'est ainsi qu'il s'exprime : « Le
PET cause la mort à une infinité de
» gens, lorsqu'il ne peut faire son
» explosion; il les conserve, quand il
» s'échappe à plusieurs bonds. Or, s'il

E

» a droit de vie et de mort sur les hu-
» mains, pourra-t-on ne pas convenir
» que son pouvoir égale celui des plus
» grands Rois ».

Aristophanes nous raconte qu'un citoyen voulant honorer son dieu, trouva plus honorable de saluer la divinité avec un pet, qu'avec des paroles ; « car » aussi-tôt, dit-il, que je sentis l'appro- » che de la divinité, je pétai d'une » force miraculeuse ». Les humains crurent qu'ils ne rendraient jamais à mon héros la somme des honneurs qu'il mérite, s'ils ne l'élevaient pas aux suprêmes honneurs de l'apothéose. C'est pour cette raison que les Egyptiens, le peuple le plus sage et le plus religieux de l'univers, le placèrent sur l'ALBUM (1) ou tableau de leurs dieux, et lui décer-

_____

(1) L'Album était une table blanchie sur laquelle les souverains prêtres, à Rome, écrivaient les choses les plus remarquables qui se passaient chaque année. C'était aussi

nèrent des autels, des temples, des
sacrifices, et des petits lits sur lequel on
plaçait son simulacre. Si quelqu'un, affligé d'une colique de vents, avait eu le
bonheur de s'en tirer par le secours
de mon client, et d'échapper par là à
une mort certaine, pénétré de reconnaissance, il suspendait en *ex-voto*,
dans la chapelle de ce dieu indigète,
un tableau où étaient gravés ces mots :

CREPITUI VENTRIS CONSERVATORI.
DEO PROPITIO.
QUOD AUXILIO EJUS PERICULO LIBERATUS.
N. N. M. F. BENEFICII MEMOR.
VOTUM SOLVIT ET DE SUO P.

c'est-à-dire :

AU PET CONSERVATEUR,
DIVINITÉ SECOURABLE,
N. (*un tel*) DÉLIVRÉ DU PÉRIL,

---

un tableau sur lequel on écrivait les noms
des magistrats et des officiers.

PAR SON SECOURS;
ET RECONNAISSANT,
A OFFERT CE VŒU, DE SON ARGENT.

Vous ferai-je, pères péteurs, l'énu-
mération des hommes illustres, et révé-
rés de la postérité, qui ont joint à leur
nom de famille, celui de PEDO, qui,
en latin, signifie *péter*, comme pour associer leur arbre généalogique à celui
de mon héros. Parmi eux se distingue
l'antique et noble famille des PEDO ;
Pedo Albinovanus, Pedonius Costa,
Pedanius Secundus, Asconius Pedianus,
Pedius Consularis, Pedius Blœsus, Pedius surnommé *Quintus*. L. Peduceus,
Sextus Peduceus, M. Juventius Pedo,
M. Creperejus. Vous dirai-je combien
de cités et de peuples ont emprunté leur
nom du sien ? Combien de plantes et
de fruits, comme le *galeobdolon*, dont
les feuilles triturées dans la main ont l'o-
deur d'une vesse de foüine, et l'*ona-*

perdon qui a la propriété de faire péter les ânes qui la mangent ? à combien de proverbes il a donné lieu, tels que ceux-ci : « *Mes pets ne sont pas de l'en-* » *cens.* — *Un pet ne sent jamais* » *mauvais pour celui qui le fait.* — » *Je tousse quand je pète.* — *Tu* » *pètes comme un mort.* — *C'est pé-* » *tèr devant un sourd,* » et mille autres qui doivent leur origine et leur gloire à leur analogie avec mon héros ?

Quoique toutes ces considérations soient plus que suffisantes pour transmettre sa gloire à la postérité la plus reculée, je croirais pourtant encore avoir oublié d'ajouter un fleuron à sa couronne, si sa destinée n'était pas aussi celle de tous les auteurs ou ennemis de la félicité privée. Car telle est la condition des choses humaines, que les plus belles actions, les plus rares talens, et la puissance, sont presque toujours en butte à la haine et aux coups de la plus basse

envie. De-là vient, je ne sais par quelle
fatalité; que bien loin de traiter notre
héros avec le respect qui lui est dû, on
est assez méchant, assez injuste, pour
se déchaîner contre lui d'une manière
outrageante, au mépris de la pudeur et
des bienséances. On fait sur-tout un
crime à mon accusé d'affecter vilaine-
ment l'odorat des assistans, de s'échapper, (comme on dit) sans compter avec
l'hôte, lorsqu'on veut le comprimer, et
de causer une très-grande honte à son
gardien. Serait-ce avec raison qu'on le
traiterait de fuyard et de vagabond,
parce qu'impatient du frein et jaloux à
l'excès de sa liberté, il s'échappe sans
que son maître le sente? Toute personne,
douée d'un jugement sain, voit combien
une telle accusation est futile et inepte.
Dans quelle contrée de l'univers trou-
verez-vous un homme qui, englouti dans
un cachot, et chargé de chaînes, ne fera
pas des efforts surnaturels pour recon-

quérir cette douce liberté, l'objet de
tous ses vœux et de ses pleurs, et sera
assez insensé pour la rejetter, lorsqu'elle vient s'offrir à ses regards ?

Quelqu'un peut-il raisonnablement se
plaindre de mon client, parce qu'il aurait l'haleine un peu forte, si ce proverbe
est vrai : que nos pets sentent la rose pour
nous. N'est-ce pas le comble de la bar-
barie que de retenir en prison, d'étrangler cet innocent, et de le traiter comme
le plus grand scélérat, avant même qu'il
ait été prévenu d'aucun crime ? quelle
faute grave a-t-il commise pour qu'on
lui défende de jouir des avantages qui ap-
partiennent à tous les êtres, de l'air et de
la liberté ? Si mon discours déjà plus long
qu'il ne faut, ne m'avertissait de battre
en retraite pour ne pas vous ennuyer, et
vous faire repentir de la bienveillance
avec laquelle vous m'avez écouté jusqu'ici, j'aurais, certes, beaucoup de
choses encore à vous dire. Ah ! c'est à

vous, pères péteurs, qu'il appartient de défendre l'accusé contre les traits dont la calomnie l'accable. C'est à vous de rendre à la liberté cet être précieux, les délices de la république, le conservateur du peuple, et le plus ferme soutien de l'espèce humaine, sur-tout dans ces jours d'abstinence, où le carême, par la nature des alimens qu'il nous prescrit, nous expose aux plus grands dangers, si l'accusé ne nous défendait avec chaleur. Que diraient les nations étrangères, même les plus barbares, les pâtres eux-mêmes, et les muletiers qui ont du respect pour le PET ! Craignez que la postérité ne vous accuse d'avoir laissé impunis les outrages qu'on lui fait. Si les ennemis superstitieux et pairis de sots scrupules s'obstinent à l'exiler, que, nouveaux Omar, ils jettent au feu la comédie des Nuées, dans laquelle Aristophanes permet de péter. Celui que vous jugez vous a rendu les plus grands services. Vous avez jusqu'ici soutenu sa dignité, celle de notre ordre est inséparable de la sienne ; rappellez-le par un suffrage unanime. Si les exemples nationaux et journaliers ne vous suffisent pas, rappellez-vous les étrangers et ces Grecs les plus sages des mortels; Cratès et Zénon, les plus intrépides champions du PET, qui tous deux lui ont assuré sa liberté par une loi ; Cratès chez les Cyniques, et Zénon dans la secte des Stoïciens, qui ne différaient que par la robe. Si ce n'eût pas été un acte de justice, croyez-vous que ces immortels philosophes, ces oracles de la vie humaine, eussent rendu ce décret ? Vous avez l'exemple de l'antiquité pour guérir nos concitoyens de cette sotte honte attachée au PET. Vous vous attachez mon client par les liens de la reconnaissance. Que vous dirai-je enfin ? vous assurez la conservation de la république, vous resserrez les anneaux de la société, vous affranchissez la pu-

deur de nos filles d'une foule de périls et
d'embarras : vous affermissez la tran-
quillité des femmes, des enfans, des familles, enfin vous mettez le dernier sceau
à votre réputation, à votre gloire, et à
votre autorité. J'ai dit.

Ici finit le latin d'Emm. Martinus.

DE LA NATURE ET DES DIFFÉRENTES SORTES DE PETS.

LE PET est un vent renfermé dans le
bas ventre, causé par le débordement
d'une pituite attiédie, qu'une chaleur
faible a atténuée et détachée sans la dis-
soudre ; un air comprimé qui cherchant
à s'échapper, parcourt les parties internes du corps, et sort enfin avec pré-
cipitation, quand il trouve une issue
que la bienséance empêche de nommer.
Sa définition est conforme aux règles les
plus saines de la philosophie, puisqu'elle
renferme le genre, la matière et la différence.

Le pet sort par l'anus et en cela diffère du *rot*, ou rapport espagnol, qui sort par la bouche, quoiqu'il soit le résultat des mêmes causes.

L'occasion se présente ici tout naturellement de parler du *rot* ; il va de pair avec le *pet*, quoiqu'au rapport de plusieurs, il soit plus odieux que son analogue. Cependant on a vu à la cour de Louis XIV un ambassadeur, au milieu de la splendeur et de la magnificence qu'étalait à ses yeux étonnés l'auguste monarque français, lâcher un *rot* des plus mâles, et assurer que dans son pays le *rot* faisait partie de la noble gravité qui y régnait, ce qui lui a fait donner le nom de *rapport espagnol*.

Les femmes qui se serrent pour avoir la taille fine, sont sujettes à péter beaucoup, selon le médecin *Fernel*, parce que leur intestin *cœcum* est si flatueux et si distendu, que les vents qu'ils renferme font autant de ravages qu'en fai-

saient autrefois ceux qu'Éole retenait
dans les montagnes d'Éolie ; de sorte
que, par leur moyen, on pourrait entreprendre un long voyage sur mer : aussi
est-ce avec beaucoup de raison qu'un
peintre joyeux a placé une femme entre
un moulin à eau par-devant, et un moulin à vent par-derrière, auxquels elle
donne en même-tems l'action de leur
emploi.

Le savant auteur de *l'art de péter* a
examiné s'il fallait mesurer le PET, à
l'aune, au pied, à la pinte, au boisseau, et voici la solution de ce pro-
blême, donnée par un excellent chymiste.
Si en enfonçant le nez dans l'anus, de
manière que la cloison du nez divisant
l'anus également, fasse de vos narines
une paire de balances, vous sentez de
la pesanteur, en mesurant le PET qui
sortira, il faut le prendre au poids ; s'il
est dur, c'est à l'aune ou au pied ; s'il
est liquide, c'est à la pinte ; s'il est
grumeleux,

grumeleux, c'est au boisseau, etc. Si
enfin, il est trop petit, imitez les gen-
tilshommes verriers, soufflez au moule,
jusqu'à ce qu'il ait acquis un volume
raisonnable.

Les grammairiens divisent les lettres
en voyelles et consonnes ; comme nous
faisons plus qu'eux profession de ne
point effleurer la matière, mais de la
faire sentir et goûter, telle qu'elle est,
nous divisons les PETS en *vocaux* et en
muèts ou *vesses* proprement dits.

Les *Pets vocaux* se nomment *pé-
tards*. On peut consulter là-dessus *Wil-
lichius Jodochus*, qui nous apprend
que le *Pétard* est un éclat bruyant, en-
gendré par des vapeurs sèches. Il est
grand ou *petit*, suivant les causes et
les circonstances. Le grand est *pléni-
vocal*, et le petit *sémi-vocal*.

La grandeur du calibre d'où il sort,
les alimens venteux dont ils se nourrissent, et la médiocrité de la chaleur na-

F

turelle dans les intestins, produisent chez les paysans le *grand Pet-pétard*, ce phénix des pets, semblable à l'explosion des canons, et aux pédales de l'orgue, et dont la démonstration des tonnères, par Aristophanes ne donnerait qu'une très-faible idée.

Le vrai PET ou le *pet clair* n'a point d'odeur, mais on le confond avec le *pet muet* ou *pet féminin* et avec le *pet épais* ou *pet de maçon*, qui présente le plus hideux spectacle, et de-là cette injustice que l'on fait à notre héros.

Les *pets clairs* sont *simples* ou *composés*. Les *simples* consistent en un grand coup seul et momentané, Priape les compare à des outres crévées. Ils ont lieu quand la matière est abondante, composée de parties homogènes ; quand la fissure d'où ils sortent est assez large et quand celui qui les pousse est robuste. Les *composés* partent par éclats, et comme une décharge d'artillerie. On les nomme *diphtongues* et une personne robuste peut en faire vingt ; tout d'une tire.

Le pet est diphtongue, quand l'orifice est bien large, la matière copieuse, les parties inégales et mêlées d'humeurs chaudes et tenues, froides et épaisses. Alors s'opère une canonade, où l'on distingue des syllabes diphtonguées, comme pa pa, pax, pa-pa-pa, pax, et toujours *crescendo*. Rien de plus joli, de plus récréatif que ce mécanisme des pets diphtongues, quand l'anus est assez ample, et entouré d'un *sphincter* fort et élastique. C'est un de ces pets qui a fait fuir les sorcières dont nous avons parlé, page 40 de cette dissertation.

Terribles effets du pet diphtongué.

Le *pet diphtongué* est plus terrible que le tonnère. S'il ne foudroie pas, il étonne, rend les uns sourds et les autres hébétés, et cela par l'extrême compres-

F 2

sion de l'air, qui devenu libre, ébranle tellement en sortant, les colonnes de l'air extérieur, qu'il peut détruire et arracher en un clin-d'œil les fibres les plus délicates du cerveau, donner un mouvement de rotation à la tête, la faire tourner sur les épaules comme une girouette, briser à la septième vertèbre l'étui de la moëlle allongée, et par cette destruction, donner la mort. Hélas ! combien de poulets tués dans les œufs, combien de fœtus avortés ou étouffés dans le sein de leurs mères, par la forte explosion du ꝑᴇᴛ diphtongue ! plus puissant que les exorcismes, il a plus d'une fois fait prendre la fuite au diable lui-même, et l'anecdote suivante, dont la vérité est constante, en fournit un exemple.

Le diable tourmentait depuis long-tems un homme pour qu'il se donnât à lui. Cet homme ne pouvant plus résister aux persécutions du malin esprit, y

consentit sous trois conditions qu'il lui
proposa sur-le-champ. 1°. Il lui de-
manda une grande quantité d'or et d'argent; il la reçut dans l'instant; 2°. il
exigea qu'il le rendit invisible, le diable
lui en enseigna les moyens et lui en fit
faire l'expérience, sans l'abandonner.
Enfin, cet homme était fort embarrassé
sur ce qu'il lui proposerait en troisième
lieu, qui pût mettre le diable dans l'im-
possibilité de le satisfaire, et comme son
génie ne lui fournissait point à l'instant
l'expédient qu'il en attendait, il fut saisi
d'une peur dont l'excès le servit par hasard fort heureusement, et le sauva de sa
griffe. On rapporte que dans ce moment
critique, il lui échappa un pet diphtongue, dont le tapage ressemblait à celui
d'une décharge de mousqueterie. Alors,
saisissant avec présence d'esprit cette
occasion, il dit au diable : « Je veux
» que tu m'enfiles tous ces pets, et je suis
» à toi ». Le diable essaya l'enfilement,

mais quoiqu'il présentât d'un côté le trou de l'aiguille et qu'il tirât de l'autre à belles dents, il ne put jamais en venir à bout. D'ailleurs, épouvanté par l'horrible tintamare de ce *pet*, que les échos avaient rédupliqué, confus, forcéné même de se voir pris pour dupe, il s'enfuit en lâchant une vesse infernale qui infecta tous les environs, et délivra de la sorte ce malheureux du danger éminent qu'il avait couru.

Il est constant que dans tous les royaumes, républiques, villes, villages, hameaux, familles, châteaux de campagnes, où il y a des bonnes, des vieilles et des bergers, dans les livres et les histoires anciennes, il y a eu une infinité de maisons délivrés des diables, par le secours des *pets diphtongues*. Ce sont de petits *tonnères de poche*; leur vertu et leur salubrité sont actives et rétroactives, ils sont d'un prix infini; l'antiquité la plus reculée les a reconnus tels

de-là ce proverbe des romains : Un gros
pet vaut un talent. Or, si l'on consi-
dère que le talent romain, valait 84 liv.,
100 et 125 livres de notre monnoie,
j'observerai en passant qu'un gros pet
est plus lucratif qu'un beau poëme, car
le tems est passé où un Alexandre donnait 480 mille écus à Aristote pour son
livre de la nature des animaux. Auteurs,
cessez d'écrire ; puisque les arts ne vous
nourrissent plus ; mangez des haricots
et pétez.

La nature des pets est variée à l'infini,
suivant le climat, la condition, et le
moral des individus. Un habile observateur les a classés de la manière suivante.

1°. *Pets départementaux.* Ceux-là
ne sont pas si falsifiés que ceux de Paris,
où l'on rafine sur tout. On ne les sert pas
avec tant d'étalage ; mais ils sont natu-
rels, et ont un petit goût salin, semblable à celui des huîtres vertes. Ils
réveillent agréablement l'appétit.

2○. PETS DE MÉNAGE. Nous apprenons, d'après les remarques d'une grande ménagère de Pétersbourg, que ces pets sont d'un goût excellent dans leur primeur, et que quand ils sont chauds, on les croque avec plaisir ; mais dès qu'ils sont rassis, ils perdent leur saveur, et ressemblent aux pillules, qu'on ne prend que pour le besoin.

3°. PETS DE-PUCELLE. On écrit de l'île des Amazones, que les pets qu'on y fait sont d'un goût délicieux et fort re-cherchés. On dit qu'on ne les trouve que dans ce pays, mais je n'en crois rien. Toutefois on avoue qu'ils sont extrême-ment rares ; *rara avis in terris*. Voyez le *Roman de la rose*.

4°. *Pets de maître en fait d'armes.* Les lettres du camp près Constantinople, nous annoncent que les pets de ces escri-meurs sont terribles, et qu'il ne fait pas bon de les sentir de trop près, car, comme ils sont toujours plastronnés, on dit qu'il ne faut les approcher que le *fleuret à la main.*

5o. *Pets de demoiselles.* Ce sont des mets exquis, sur-tout dans les grandes villes, où on les prend pour du croquet à la fleur d'orange. Ce pet est un *semi-vocal* ou petit pet, composé d'une matière très-sèche et très-déliée, qui se portant avec douceur le long du canal de sortie, qui est fort étroit, soufflerait à peine une paille. Ce *pet* n'allarme point les nez sensuels, et n'est point indécent comme la vesse et le pet de maçon.

6o. PETS DE JEUNES FILLES. Quand ils sont murs, ils ont un petit goût de *revas-y*, qui flatte infiniment les véritables connaisseurs.

7o. *Pets de femmes mariées.* On aurait un long mémoire à transcrire sur ces pets; mais on se contentera de la conclusion de l'auteur, et l'on dira d'après lui, « qu'ils n'ont de goût que pour

» les amans, et que les maris n'en font
» pas ordinairement grand cas ».

8°. *Pets de bourgeoises.* Les bour-
geois de Rouen et de Caen, nous ont
envoyé une longue adresse en forme de
dissertation, sur la nature des pets de
leurs femmes. Nous voudrions bien les
satisfaire, en imprimant en entier cette
dissertation, mais les bornes que nous
nous sommes prescrites nous le défendent.
Nous dirons en général que le pet de
bourgeoise est d'un assez bon fumet,
lorsqu'il est bien dodu, et proprement
accommodé, et que faute d'autres, on
peut très-bien s'en contenter.

9°. *Pets de paysannes.* C'est ici le
lieu de répondre à certains mauvais plai-
sans qui ont perdu de réputation les pets
de paysannes. On nous mande des environs d'Orléans, qu'ils sont très-beaux
et très-bien faits; quoiqu'accommodés à
la villageoise, ils sont encore de fort bon
goût. On assure aux voyageurs que c'est

un véritable régal pour eux, et qu'ils peuvent les avaler en toute sûreté, comme la *montmorency*, et les gobets à courte-queue.

10º. *Pets de bergères.* Les bergères de la vallée de Tempé en Thessalie, nous donnent avis que leurs pets ont le véritable fumet du Pet, c'est-à-dire, qu'ils sentent le sauvageon, parce qu'ils sont produit dans un terrein où il ne croit que des aromates, comme le thim, le serpolet, la marjolaine, la sariette, etc., etc. Elles entendent qu'on fasse une grande différence de leurs pets avec ceux des autres bergères qui prennent naissance dans un terrain inculte : la marque distinctive qu'elles enseignent pour les reconnaître et n'y être pas trompé, c'est de faire comme on fait aux lapins de garenne, c'est-à-dire, flairer au moule.

11º. *Pets de vieilles.* Le commerce de ceux-ci est si désagréable, qu'on ne

trouve point de marchand pour les né-
gocier. On ne prétend pourtant point
pour cela empêcher personne d'y mettre
le nez. Le commerce est libre.

12°. *Pets de boulangers*. Nous re-
cevons à leur sujet la note suivante du
Hâvre ; la voici telle qu'un maître bou-
langer de cette ville nous la transmet :

« L'effort que fait l'ouvrier en faisant
sa pâte , le ventre serré contre le pé-
trin , rend les pets diphtongues. Ils se
tiennent quelquefois comme des hanne-
tons , de sorte qu'on pourrait en avaler
une douzaine , tout d'une tire. Cette re-
marque est des plus savantes et de fort
bonne digestion. Ce pet est aspiré , ou
petit pet *semi-vocal* , composé d'une
matière humide et obscure : pour en
donner l'idée et le goût, je ne puis
mieux le comparer qu'à un pet d'oie :
peu importe que le calibre qui le produit , soit large ou étroit ; il est si chétif
qu'on sent bien que ce n'est qu'un avorton.

13°. *Pets*

13º. *Pets de potiers de terre*. Ces pets, sans contredit, sont faits au tour, mais ils n'en sont pas meilleurs. Ils sont sales, puans, et tiennent aux doigts. On ne peut pas les toucher, crainte de s'emberner.

14º. *Pets de tailleurs*. Ils sont ordinairement de très-bonne taille et ont un goût de prunes, mais les noyaux sont à craindre.

15º. *Pets de géographe*. Ceux-là, semblables à des girouettes, tournent à tout vent. Quelquefois cependant, ils s'arrêtent du côté du nord, ce qui les rend perfides.

16º. *Pets de courtisannes*. Vous pouvez prendre la galerie noire du Palais-Egalité, même tout le palais et les rues environnantes, si vous voulez faire des dégustations et des expériences pneumatiques sur cette nature de pets. On en trouve d'assez drôles ; leur goût est assez appétissant : ils crient

G

toujours famine , en langue allemande :
mais prenez-y bien garde , il y a beaucoup d'alliage dans cette denrée. Si vous
ne trouvez pas mieux , prenez-les au
poinçon de Paris.

17°. *Les pets de cocus*. Il y en a
de deux sortes. Les uns sont doux , affa-
bles, mous, etc. Ce sont les pets des
cocus volontaires ; ils ne sont pas mal-
faisans. Les autres sont brusques , sans
raison et furieux. Il faut s'en donner de
garde ; ils ressemblent au limaçon , qui
ne sort de sa coquille que les cornes les
premières. *Fœnum habent in cornu*.
Heureusement les pets des cocus malgré
eux sont excessivement rares , de notre
siécle , qui est celui de la tolérance et de
la liberté.

18°. *Pets de savans*. Ces derniers
sont précieux , non par leur volume,
mais par la noblesse du foyer d'où ils
sortent. Ils sont aussi très-rares , parce
que les savans , rangés sur les banquet-

tés du Palais national des sciences et des arts, à l'Institut ou aux Conseils, ne pouvant, dans une assemblée publique, interrompre une lecture importante, pour donner l'essor à un pet, sont obligés de le féminiser pour lui donner un passe-port, et ne pas déranger l'ordre des travaux, des lectures et des motions. Ils sont en revanche vigoureux, quand ils sont les enfans de la solitude et de la liberté, car les savans de nos jours mangent plus de fèves que de poulardes.

Quant aux petits auteurs, comme moi, nous avons carte blanche dans le cabinet ; nous nous égayons par la bruyante harmonie du pet diphtongue ; elle nous fournit des idées, dans la com-position de l'ode, et son bruit se mêle agréablement à l'emphase avec laquelle nous récitons nos vers. Le célèbre Bour-sault fit certainement beaucoup de jo-lis pets, et les regarda avec beaucoup d'attention, pour les peindre avec autant de vérité et de goût, qu'il l'a fait dans son *Mercure galant.* Certes, il était plein de son sujet, quand il fait si bien dire à mon héros :

> Je suis un invisible corps,
> Qui de bas lieu tire mon être ;
> Et je n'ose faire connoître ;
> Ni qui je suis, ni d'où je sors.
> Quand on m'ôte la liberté,
> Pour m'échapper, j'use d'adresse,
> Et deviens femelle traîtresse,
> De mâle que j'aurais été.

19° *Pets de commis.* Après ceux des fournisseurs de la république, ceux-ci sont les mieux nourris, et font honneur à la cuisine de leurs auteurs. Aussi m'est-il arrivé plus d'une fois en fréquenta nt les bureaux, d'entendre des salves de pets, dont les plumitifs indolens et désœuvrés s'amusent à se saluer réciproquement. C'est à qui développera la plus belle et la plus sonore basse-taille. C'est un concert brillant et bien soutenu. Si ces messieurs n'ont rien de mieux à faire, ils ont raison, il faut égayer l'ennui d'un bureau, et il vaut mieux péter pour tuer le tems, que de médire, de faire des libelles, ou de mauvais vers. D'ailleurs, j'ai amplement démontré les inconvénients terribles qu'occasionnerait la crainte de péter; et je ne puis trop louer ceux des commis laborieux qui, plus sages que Métroclès, dont j'ai parlé ci-dessus, aiment mieux passer pour grossiers, en lâchant le captif, que d'interrompre leur besogne, en allant péter dans le corridor, car un proverbe dit : « il vaut mieux » péter en compagnie, que de crever » dans un petit coin ».

L'anecdote suivante prouvera avec quelle sévérité mon héros punit ceux qui veulent s'opposer à ce qu'il jouisse du droit imprescriptible de citoyen français, libre et philosophe.

LES TROIS ACCIDENS (1).

Trop de crainte nous perd. Sans exorde plus
 ample ,
 Je vais en donner un exemple.

 Nicette tenait dans sa main
Un œuf frais qu'elle allait porter à sa grand'-
 mere ;
 Le verglas qui couvrait la terre
La faisait chanceler tout le long du chemin.
 Plus elle craint et moins elle est légère ;
Certain vent importun alors la tourmenta ,
Vent qu'elle eût bien voulu lâcher à la sourdine;
 Elle apperçoit qu'on l'examine ,
Et jusqu'au blanc des yeux le rouge lui monta.
Le malheur fut complet par défaut d'assu-
 rance ,

---

(1) Un poëte latin moderne a traduit ce
joli petit conte , avec tant d'élégance , que
je ne puis résister au desir d'apprendre à
ceux de mes lecteurs qui aiment encore la
langue des *Ovides* , des *Horaces* , des *Santeuil*
et des *Sanadon* , qu'ils le trouveront imprimé
dans mes *Matinées du printems* (tome 1 , page
121) qui se vendent chez le même libraire

Il survint un ruisseau qu'il fallut enjamber ;
Nicette lève un pied, glisse, perd la cadence,
Et serrant bien les poings pour faire résis-
  tance ,
PÉTA, créva son œuf, et se laissa tomber.

200. *Pets d'acteurs et d'actrices.*
J'ai déjà dit qu'ils ne paraissaient point
sur la scène , mais puisqu'on y fait paraître des chevaux , il est probable qu'on
leur accordera le même privilège : jusqu'à ce moment , ils s'y trouvent incognito et de contrebande, comme ceux
des savans , en changeant de sexe. Notre
théâtre offre tous les jours des innova-
tions si heureuses dans le tragique , que
je ne serais pas surpris d'entendre une
pétarade arrangée par *Méhul , Gossec*
et *Chérubini.*

LE PET DU VILAIN.

Rutebeuf, le plus célèbre parmi les
Trouvers Picards , celui d'entr'eux qui
paraît avoir eu le plus d'esprit et d'ima-

gination ; n'a pas dédaigné de prendre la défense du PET, dans un tems où l'orgueil de la chevalerie, et la tyrannie féodale, accablaient de mépris les gens de la campagne. Voici ce qu'il raconte:

« Un villageois, malade d'une indigestion, est à toute extrémité : Satan, selon sa coutume, envoie saisir l'ame, mais par dédain pour un objet si peu important, il n'emploie à cette vile fonction que le plus simple de ses satellites. Celui-ci n'imaginant pas que l'ame d'un *Vilain* dût sortir par le même passage que celle des autres, attache un sac à la porte opposée ; tout-à-coup une crise heureuse (le secours du dieu PET,) soulage le malade. Le sot député voyant le sac se remplir, le lie promptement et va le porter à son souverain ; mais Satan maudissant cette ame infecte, jure de n'en jamais recevoir qui ait habité un corps de vilain.

Or maintenant, ajoute Rutebeuf,

malheureux sur la terre, chassés du ciel, rebutés des enfers, je vous le demande, Messieurs, où iront ces infortunés?... »

Ce conte de Rutebeuf mérite d'être cité, quoiqu'il ne soit pas de la bonne compagnie; il montre combien il a fallu d'efforts et de philosophie pour ramener les hommes au respect qu'ils doivent à la classe utile et respectable des culti-vateurs.

Parmi les écrivains anciens et mo-dernes, qui ont écrit sur le *pet* et qui lui ont rendu les honneurs qu'il mérite, on peut citer *Bébelle*, *Frischlin*, *Marot* et *St.-Evremond*. L'aimable philosophe St.-Evremond avait du PET une idée bien différente de celle que s'en fait le vulgaire. Il l'appellait un soupir, et disait un jour à sa maîtresse, devant laquelle il avait fait un PET :

Mon cœur outré de déplaisirs,
Etait si gros de ses soupirs ;
Voyant votre humeur si farouche ;

Que l'un d'eux se voyant réduit
A n'oser sortir par la bouche,
Sortit par un autre conduit.

L'immortel *Clément* MAROT n'a pas dédaigné de travailler sur le *cul* , sur le *pet* et sur la *vesse*. Si je ne craignais de donner à ce volume, trop d'étendue, (car j'ai encor d'autres choses à vous dire) je rapporterais ici ses vers , mais pour ne pas remplir mon livre de l'esprit des autres , je vous prie de voir , pour ce qui regarde le cul , les blasons 24 et 34. tom. 3. édit. de la Haye , 1791. *in-* 12. , le blason 35 , pour le pet et la vesse, et le blason 24. si vous êtes curieux d'y voir le c..

Parler du *pet* , sans parler du cul, c'est décrire Rome sans parler du Capitole, il faut donc que je fasse son éloge en deux mots. Il est certainement la plus noble partie du corps , puisqu'il a l'honneur de se coucher le premier. C'est le cul qui répare tous les malheurs du corps.

C'est par lui que toutes les humeurs et
venins sont purifiés, et que l'on est rendu
à la vie. La partie la plus essentielle de
l'homme, c'est le cul. On peut vous
créver un œil, et même tous les deux,
sans que cela vous empêche de vivre.
On peut vous couper les bras et les jambes; on peut vous faire l'opération qui
rendit Abailard moine, on peut vous
boucher les oreilles, et vous n'en vivrez
pas moins, mais si on vous bouche le
cul, je vous défie de vivre seulement
quatre jours. Le supplice le plus cruel
inventé par un tyran de l'Asie était de
faire attacher un esclave sur une selle,
en lui bouchant le derrière, et de le
laisser dans cette posture, en lui donnant
force à manger, jusqu'à ce que cette
constipation forcée l'eût suffoqué lentement. Voyez le *Podicis encomium*,
page 348 de *l'Amphithéâtrum sapientiæ Socraticæ*, par *Gasp. Dornavius.*

QUESTION CHYMIQUE.

Esprit de pets pour enlever les taches de rousseur.

On demande s'il est possible en chymie de distiller un pet et d'en tirer la quintessence. On a décidé pour l'affirmative, et il n'y a point de doute que le cit. Quinq... si fameux par ses lampes, sa crême de tartre, ses eaux odontalgique et virginale, etc., n'obtienne les plus satisfaisans résultats de la distillation d'un PET.

Il vient tout récemment de reconnaître, après un long travail, que le pet est de la classe des esprits. Après avoir eu recours à son alambic, voici comme il procéda.

Il fit venir une hibernoise de son voisinage, c'est-à-dire, de la halle, qui mange, à un repas, autant de viande que six rouliers en mangeraient de Paris

à

à Montpellier. Cette femme, ruinée par son appétit et la chaleur de son foie, gagne sa vie comme elle peut. Il lui fit manger de la viande autant qu'elle en voulut et pût manger, avec force légumes venteux. Il lui prescrivit de ne point péter ni vesser, sans l'avertir auparavant. Aux approches des vents, il prit un de ces larges récipients, tels qu'on les emploie pour faire l'huile de vitriol, et l'appliqua exactement à son anus, l'excitant encore à péter par d'agréables carminatifs et lui faisant boire de l'eau d'anis, enfin, de toutes les liqueurs de sa boutique, capables de répondre à son intention. L'opération s'est faite à souhait, c'est-à-dire, très-copieusement. Alors, notre chymiste satisfait prit une certaine substance huileuse ou balsamique dont il n'a pas voulu me dire le nom, la jetta dans le récipient et fit condenser le tout au soleil par circulation, ce qui produisit une quintessence merveilleuse. Il s'imagina que quelques gouttes de ce résultat pourraient enlever les taches de rousseur de la peau. Il en essaya le lendemain sur le visage de plusieurs jolies harangères du marché aux poirées, qui toutes perdirent sur-le-champ ces vilaines taches, et virent avec tout le plaisir qu'on peut s'imaginer, leur teint blanchir à vue d'œil. Les tendrons reconnaissans l'ont payé, dit-on, *in-cute*; c'est le salaire qui pouvait le mieux payer le galant et salace pharmacien. Alors, le journal de Paris, et des affiches disséminées avec profusion ont préconisé cette utile découverte, digne de faire le pendant des redingottés *à l'anglaise* et des *dragées de Keiser*. On espère donc que nos beautés en perruque blonde, en coëffures à la *Titus*, à la *Caracalla*, feront une grande consommation de ce merveilleux spécifique, si précieux sur-tout aux habituées de Tivoli, de l'Elysée, d'Idalie, de Thé-

lusson, de Paphos, Mousseaux, etc. Bref,
elles feront la fortune du pharmacien à
qui elles élèveront des statues, comme
à un nouvel *Abdéker*, et à qui on ne
pourra plus reprocher qu'il ne connaissait que la carte des pays bas.

DU PET ARTIFICIEL.

La plus précieuse observation que je
puisse faire à l'avantage du PET, est
celle, non moins étonnante que vraie,
de son utilité, dans les mystères de la
reine de Paphos et d'Amathonte. Cette
déesse si voluptueuse et si sensuelle, sachant bien que toutes les jouissances
qu'elle procure, seraient imparfaites, si
la présence du dieu PET ne leur donnait
la dernière période, et voulant concilier
avec ce besoin, la délicatesse du sens
olfactoire, chez ses prêtresses, a inventé
elle-même le PET *artificiel*, dont le but
est de conserver, dès son origine, ce qu'il

a de réjouissant, en évitant ce qu'il a de
désagréable à l'odorat. Elle à voulu que
le bruit du PET se fondît agréablement
avec celui des soupirs et des baisers,
qu'il assaisonne, et au moyen d'une petite vessie remplie de parfums, adaptée
ingénieusement sous.... mais le conte
suivant va vous le dire :

LES DEUX PETS.

CONTE.

Tant s'en faut que toujours la fin d'une aven-
　　ture
　　Réponde à son commencement ;
Telle promet d'abord une volupté pure,
　　Qui se termine en un tourment.
Bien l'éprouva Damon, français et gentil-
　　homme ;
　　Car tout français se dit comte ou marquis,
Ou gentilhomme au moins en quittant son
　　pays,
　　Et celui-ci se disait tel à Rome.

Or, comme bien savez, un français n'est pas
　　homme
　　A se laisser ronger d'ennuis ;

Il choisit donc une Laïs,
Qui, moyennant certaine somme,
L'admit au rang des favoris.
A Rome comme ailleurs, femme qui sait son
   prix,
Ne livre rien sans savoir comme.
A demain, lui dit-elle, et selon vos desirs,
   Je vous préparerai la voie
   Qui conduit aux plus grands plaisirs ;
Apportez seulement argent, vigueur et joie ;
Et vous verrez beau jeu si la corde ne rompt.
Croyez que le galant ne manqua d'être prompt.
   Au rendez-vous il la trouve parée,
   De la façon que Cithérée
   Reçoit le Dieu Mars dans ses bras,
   Une moitié de ses appas
   Se trouvait assez éclairée,
   Pour que l'autre qu'on ne voit pas,
   Par le galant fut desirée.
   Un souper fin, tel qu'il le faut
   Dans les plaisirs d'un tête à tête,
   Fut le prélude de la fête
   Que payait bien notre riband.
Ils mangèrent asssez, mais ils ne burent guère,
   Longue nuitée et court repas,
   C'est ainsi qu'on fait à Cithère,
   Lorsqu'on s'y prépare aux ébats ;
   Enfin notre bonne commère,

H 3

Reçut Damon entre les draps.
Ah ! quelle volupté s'emparant du compère,
    Le défrayait de ses ducats!
Tous ses sens occupés de l'amoureuse affaire,
A de si grands transports livraient son ame
        entière,
    Qu'il paraissoit devenu fou.
Les amours libertins, regardant son derrière,
    En un coin riaient tout leur saoul.

    Cependant la Laïs romaine,
    Gagne son argent de son mieux,
    Et d'un mouvement gracieux
    Aide l'agent qui se démène,
Lorsque du souterrain tout d'un coup part un
        bruit
    Qui de Damon l'oreille blesse.
Redoutant les effets de quelque odeur traî-
        tresse,
    Il allait quitter le déduit.
    » Quoi ! ce bruit vous fait peur, dit-elle,
    « Sachez qu'on aime ici les plaisirs réunis.
    » Continuez Damon : c'est un régal exquis,
    » Que pour votre odorat a préparé mon zèle,
        » Mettez sans crainte votre nez
    » Dans les draps parfumés d'une essence
        nouvelle,
        » Et ce bruit que vous soupçonnez,

« Est l'heureux signal qui l'appelle ».
Il la croit, et fait bien alors de s'y fier.
   Une délicate vessie,
   Pleine de parfums d'Arabie,
Qu'avait pressée à propos son fessier,
Avait causé le bruit qui venait d'effrayer
Damon, dans le moment le plus doux de sa
   vie.

On appelle cela PET ARTIFICIEL,
   Ordinaire galanterie
   De toute femme d'Italie,
   Qui fait un trafic corporel.

   Cette volupté réunie,
Mit le comble au plaisir de l'amant sensuel;
   Après un petit intervalle,
   Notre brave et vigoureux mâle,
   Se met à reprendre le jeu,
   Qui, par malheur, dure si peu.
  Un second bruit vient frapper son ouïe;
Nez aussi-tôt de plonger dans le lit,
   Pour cueillir à point tout le fruit
   De la précieuse ambroisie.
Mais pour le coup ce fut un PET au naturel;
Qui, sortant chaudement de la région sale,
   Fit un atmosphère mortel
D'atômes imprégnés de matière fécale:

Pour surcroît de malheur encore plus cruel,
   Un humide substanciel,
S'attachant à l'engin trop voisin de la source,
Abbattit sa vigueur et laissa sans ressource
L'amoureux qui maudit l'air pestilenciel,
Et dit en s'enfuyant. « Ah! de cette chré-
     » tienne
   » Devais-je pas me défier ?
   » Et prévoir que le trou culier
   » D'une femelle italienne,
   » Ne pouvait être qu'un évier.

C'est à regret que j'obéis à la nécessité d'être historien fidèle, en rapportant un conte aussi graveleux, (1) mais, ne devant passer sous silence rien de ce qui a rapport à mon sujet, j'aime mieux encourir le risque d'une imprudence, que de passer pour ignorant, dans une matière où toute mon érudition doit être déployée. Au reste, *Bayle et Brantôme* en ont fait autant. D'ailleurs ce conte me donne occasion d'apprendre aux lec-

_____

(1) Voyez les quarts-d'heures d'un joyeux solitaire, 1 vol. in-12........

teurs qu'il est du fameux abbé *Saba-thier* de Castres, auteur des *Trois Siècles de Littérature*, des *Siècles Payens*, des Mémoires de *miladi Kil-mar*, et du *journal Politique National*, en 1789. Aujourd'hui à Vienne. Tandis que j'y suis, je citerai le trait suivant, cité par Nicodême Frischlin, (édit. de *Strasbourg*. 1525. *in*-16.)

Quelqu'un ayant lâché un vent au milieu d'une nombreuse société, un de ses amis lui en fit reproche. Par Jupiter, répondit le péteur, il y a long-tems que mon derrière desire parler, il ne lui manque que ta langue. Veux-tu la lui donner ?

Le trait de naïveté suivant, dans une fille d'auberge, plaira sans doute aux plus graves personnages.

LE PET FRANÇAIS.

Deux anglais arrivant dans un village en France ,

Etaient de fatigue harrassés,
En outre fort embarassés,
Pour trouver un lieu de pitance ;
Car tous les deux, ignorant le français,
Aux paysans parlaient anglais ;
Les manans ne surent jamais
'Aucun autre langage,
Que celui qu'on parle au village ?
Cependant le curé plus sage,
Reconnoissant à leur baragouinage
Qu'ils avaient besoin de manger,
Et qu'ils cherchaient à se loger,
Lors par le bras vous les prend et les mène
A l'auberge la plus prochaine.
L'hôte les voyant arriver,
Et desirant chez lui les conserver,
Les saluant, en suivant sa marotte,
Il leur fait signe de s'asseoir,
Puis bientôt appelant Javotte :
Allons, dit-il, tire-moi cette botte ;
Près d'eux on s'empressait, oh ! dame ! il
fallait voir :
Chacun était jaloux de bien remplir sa tâche;
Mais en voulant tirer trop fort,
La Javotte fait un effort,
Et devant tout le monde, avec grand fracas,
lâche
Ce qu'ordinairement avec soin chacun cache.

Le pauvre maître consterné,
En ce cas se trouvant très-peiné,
Lui dit : « Puante, eh bien ! que veux-tu
  » que l'on dise
» De notre honnêteté chez messieurs les An-
  » glais ?
—Mais qu'est-ce que ça fait, dit-elle avec
  franchise,
Ces deux messieurs n'savont pas le français.

L'abbé de Marigny, a oublié dans son poëme sur le *pain beni*, dont j'ai donné une édition, de nous raconter l'anecdote suivante. Elle prouve que non-seulement *le Pet* a le privilège d'égayer les sociétés, mais que les plus augustes mystères de la religion ne sont pas à l'abri de son humeur joviale et libre.

Le Pet béni.

Une bonne villageoise rendait le pain béni. Un cierge à la main, les barbes du bonnet et la robe détroussées, elle était en présence du célébrant, et flanquée du bédaut. Sa timidité naturelle s'augmenta, lorsque le curé, pour payer son pain béni et son cierge, lui présenta le cul d'une assiette d'étain à baiser. La bonne dame était sourde passablement. Un PET assez ronflant qu'elle lâche, déconcerte la gravité des ministres de son culte. Curé, bédaut, enfans de chœur, suisse, enfin, chacun de ceux qui l'environne se serre les lèvres pour ne pas rire aux éclats. La bonne femme qui n'a pas fait attention à son échappée, croit que l'on rit de la petitesse de son pain béni, et dit pour s'excuser : « Ce n'est pas ma » faute, Mr. le Curé ; si j'avais eu du » beurre et du sel, je l'aurais fait plus » gros ». Pour le coup, le quiproquo fut si plaisant, que chacun n'y put tenir. Le service divin fut interrompu, et bien en prit aux hommes d'église d'être obligés de se tourner vers l'autel, pour ne pas scandaliser les fidèles par leur rire qu'augmentait la contenance tranquille de la péteuse.

J'ai

J'ai dit qu'un pet avait mis en fuite
des sorcières : il a quelquefois eu le mérite d'épouvanter ces fiers anglais qui se
croient les dieux des mers, témoin le
fait suivant rapporté par un anonyme.

LE PET ET LE POLITIQUE.

Au café, de grands politiques,
Parlaient entr'eux des affaires publiques;
Tel à la guerre et tel à paix croyait.
    Toutefois chacun convenait
    Que la guerre serait certaine
    Dès le premier coup de canon.
    De la triste réflexion
    Les pauvres gens très-fort en peine,
    Pour mieux penser à cet objet,
    Gardaient le plus profond silence.
Un d'eux qui, par ennui, de bien bon cœur
      dormoit,
Se retourne, s'agite, et lance un ferme pet.
Oh ! parbleu, de ce coup je déserte de France,
  Dit un milord, qui là pour lors était ;
Vous l'avez entendu ? l'hostilité commence.

Non-seulement le Pet est le père de
la gaîté ; mais ce qui doit encore le ren-

I

dre recommandable aux républicains, il est celui de l'égalité. Il rapproche les distances que l'orgueil a mises entre le maître et le valet. Il rend le prémier affable et donne de l'esprit au second.

Un noble voulant s'amuser aux dépens de son laquais et l'embarrasser, leva la cuisse et donna l'essor à un gros PET ; puis s'adressant à son domestique qui était présent : Cours après ce fuyard, dit-il, et rapporte-le moi, mort ou vif. Vîte, dépêche-toi, il me le faut. « Le valet, d'abord embarrassé, prend enfin son parti ; il sort et rentre un moment après. — Je l'ai trouvé, not' maître. En même-tems s'approchant de lui, lâche un pet qui valait bien le premier, et lui dit : Le voilà ! le gentilhomme fronce le sourcil d'abord, et finit par rire à gorge déployée. Je n'en finirais pas, et je ferais un volume *in-folio*, si, nouveau *Calmet*, ou *Montfaucon*, je me livrais aux recherches des traits historiques anciens et modernes , sur le pet. En voici un assez piquant :

Un jour , entre la poire et le fromage, des citoyens qui ne comptaient des jours de leur vie que ceux qu'ils passaient à rire , proposaient diverses questions à résoudre. Un prêtre de Louvain , nommé Antoine , et un autre aussi plaisant que lui, agitaient la question de savoir quelle est la plus noble partie du corps humain. Celui-ci nomme les yeux. Celui-là le cœur. L'un dit que c'est le cerveau , tel autre dit autre chose , et chacun motive son opinion du mieux qu'il peut. Antoine, quand ce fut son tour, dit que c'est la bouche , et se fonde sur d'excellentes raisons. Son adversaire lui répond que c'est la partie sur laquelle nous nous asseyons. On réfute son avis , il persiste et le prouve en disant que d'ordinaire c'est toujours l'homme le plus distingué de la compagnie , qui s'assied le pre-mier, que par conséquent c'est le cul

qui jouit exclusivement de ce privilège.
Les convives applaudirent par de grands
éclats de rire à la justesse de son avis.
Antoine vaincu dissimule son humeur ;
mais quelques jours après, rencontrant
au même endroit, son adversaire, qui
causait, tandis que l'on dressait le cou-
vert, il s'approche de lui et lui lance le pet
le plus vigoureux. Celui-ci se fâche. Va
t'en plus loin, vilain puant, lui dit-il,
où diable as-tu appris à vivre ?... ——
Chez toi, répond Antoine, en riant.
Tu te fâches ! eh pourquoi ? si je t'avais
salué de la bouche, tu me l'aurais rendu
bien poliment ; et parce que je te salue,
avec la partie que toi-même as dit être
la plus noble du corps humain, tu me
traites de cochon ! je suis plus poli que
toi qui ne me le rends pas. Ainsi, Antoine, qui avait été vaincu dans la première occasion, eut cette fois tous les
rieurs de son côté.

L'ingénieux St.-Evremont, ayant eu

le malheur de faire un PET, en présence
de sa maîtresse, obtint son pardon, en
lui envoyant les stances suivantes.

Unique objet de mes desirs,
Philis, faut-il que mes plaisirs
Pour rien se changent en supplices,
Et qu'au mépris de votre foi
Un pet efface les services
Que vous avez reçus de moi ?

Je sais bien, ô charmant objet,
Que vous avez quelque sujet
D'être pour moi toute de glace ;
Et je confesse ingénument,
Puisque mon cu fait ma disgrace,
Qu'elle n'est pas sans fondement.

Si pourtant cette extrême amour,
Dont j'eus des preuves chaque jour,
Pour un pet s'est changée en haine,
Vous ne pouviez jamais songer
A rompre une aussi forte chaîne,
Pour un objet aussi léger.

S'il est vrai qu'on n'ose nier
La porte à chaque prisonnier,

Alors que la princesse passe :.
Ce pet pouvait avec raison,
Vous demander la même grace,
Puisqu'il se voyait en prison.

S'il ne s'est pas fort bien conduit,
S'il a fait quelque peu de bruit,
Lorsqu'il se fraya cette voie,
C'est qu'il était si transporté
Qu'il fit en l'air un cri de joie,
En recouvrant sa liberté.

Hélas ! quand je viens à songer
A ce sujet faible et léger
Qui cause mon malheur extrême,
Je m'écrie en ma vive ardeur :
Fallait-il me mettre moi-même,
Près de vous en mauvaise odeur ?

Si pour un *pet* fait au hasard
Votre cœur où j'ai tant de part,
Pour jamais de moi se retire,
Voulez-vous que dorénavant
Vous me donniez sujet de dire
Que vous changez au moindre vent ?

A ces jolis vers du délicat St.-Evre-
mond, nous pouvons ajouter la réponse

du célèbre cardinal du Perron , à Henri
IV , dans une semblable circonstance.
Ce prélat jouant aux échecs avec le monarque , lâcha un *pet* en même-tems qu'il
plaçait un cavalier; il fit pardonner cette
liberté , en disant avec esprit : au moins,
sire , ce cavalier n'est pas parti sans
trompette.

C'est ainsi que le comte de Canta-
gnède , de la maison de Menesès en Por-
tugal , répara par un bon mot , une liberté pareille qu'il prit un jour avec le
roi Don Jean IV. Ce roi , dont il était
le favori , lui donnant un coup sur la
fesse , il lui péta dans la main , et le roi
restant confus et piqué de ce manque de
respect : Sire , répond le favori , votre
majesté peut-elle frapper jamais à une
porte, qu'on ne la lui ouvre incontinent?
Ce mot plut autant au roi que l'action
l'avait offensé.

Buchanan avait été précepteur des
enfans de M. de Brassac; comme il était

un jour à sa table, il lui arriva, en mangeant un potage bien chaud, de laisser aller un vent qui fit du bruit. Mais sans se déconcerter, il dit à ce vent qui était sorti malgré lui : Tu as bien fait de sortir, car j'allais te brûler tout vif.

Un abbé italien, très-sujet à lâcher des vents, se trouvant en compagnie, en fit un très-intelligible, et jouant la surprise, se retourna en parlant à son derrière. — Che impertinente, lui dit-il, che indiscreto, parler cosi alto innanzi le Donne, è interrompere scioccamente una bella conversazione. « Vous êtes un » impertinent, un indiscret, de parler » si haut devant des dames, et d'inter- » rompre insolemment une belle con- » versation ».

Un consul à qui le même accident arriva, tandis qu'il haranguait Henri le Grand, se tira aussi d'affaire avec esprit. Dès que le PET lui fut échappé, il se retourna vers son derrière : Taisez-vous, dit-il, sot que vous êtes, attendez du moins que j'aie fini. Le Prince, qui aimait la plaisanterie, trouva celle-ci fort bonne, et fut content du harangueur.

Tous les péteurs n'ont pas eu l'avantage de donner impunément l'essor à mon héros ; l'aventure que je vais raconter prouve qu'il en est qui ont trouvé des gens grossiers, qui n'étaient pas disposés à en rire comme nous.

Un homme obligé, dans un cabaret, de partager son lit avec un voyageur, l'avertit qu'il avait le ventre du monde le plus bruyant, et qu'il faisait un tintamare épouvantable. Vous serez, dit-il, canonné toute la nuit par des vents horribles qui s'ouvrent le passage malgré moi. L'autre lui répond : mon ventre est plus modeste que le vôtre, mais il est plus traître. Vous serez incommodé toute la nuit par des vents discrets qui ne feront à la vérité aucun bruit, mais qui

feront acheter chèrement leur discrétion
à votre odorat. *Passe-moi l'émétique,
je te passe la saignée.* Les deux cou-
cheurs convinrent donc de se faire grace
mutuellement de leurs infirmités, mais
le dernier se proposait de se mettre à l'a-
bri de la canonade par un stratagème.
En effet, il prit un soufflet qu'il se mit
entre les jambes, et dès que le premier
fit jouer son artillerie, il souffla tellement
le canonnier, que celui-ci fut obligé de
quitter le lit, et d'aller porter sa batterie
ailleurs. O ciel, dit-il, quels vents gla-
cés ! je crois que cet homme a l'hiver
dans le corps, je n'y puis plus tenir ».

Un homme dans une compagnie de
gens de distinction, fut très-déconcerté,
lorsqu'un vent coulis éclatant, forçant
la prison, publia sa honte. Au moins,
dit-il, vous ne direz pas que j'ai fait un
coup de ma tête.

Un autre se trouvant dans un cercle
nombreux, fit la même chose, et s'écria :

oh ! pour celui-là, il est authentique, car c'est un pet passé par-devant notaires. En effet on remarqua, en riant beaucoup, qu'il y avait deux notaires dans la compagnie.

Une jeune et belle héritière d'une des premières maisons d'Angleterre, dansant à un bal de la cour un menuet avec un jeune officier très-pauvre, lâcha un pet, et devint très-confuse. Le jeune militaire, pour tirer la princesse d'embarras, joua la honte et parut si confus, que toute la cour fut persuadée qu'il était le coupable. Il sortit donc au milieu des ris et des huées, qu'il souffrit avec un courage digne de Curtius. Ce généreux dévouement ne resta point sans récompense. La riche héritière en fut si reconnaissante, qu'elle offrit ses attraits, ses biens immenses et son amour à ce jeune héros, qui jamais n'eût osé prétendre à ce dégré d'éclat, si un *pet* ne lui eût fourni une si favorable occasion.

DES SIGNES ET DES EFFETS PROCHAINS DU PET.

On en compte de trois sortes ; les *apodictiques*, les *nécessaires* et les *probables*.

Les *apodictiques* sont ceux dont la cause étant présente, annonce que l'effet ne tardera pas à se manifester. Ainsi un homme qui aura mangé des pois et d'autres légumes, des raisins, des figues nouvelles, qui aura bu du vin doux, caressé sa femme ou sa maîtresse, peut s'attendre à un signe prochain d'explosion.

Les *nécessaires* sont ceux où un second effet résulte du premier, comme le tintamare, la mauvaise odeur, etc.

Enfin, les *probables* sont ceux qui ne se rencontrent pas toujours, et n'accompagnent pas ordinairement toutes les espèces de PETS, comme la contraction, le bruit ou l'aboiement du ventre, la

toux

toux et les petites ruses de chaises, d'é-
ternuement ou de trépignemens de pieds,
pour ne pas être reconnu péteur. A ce
propos je citerai pour exemple le moine
dont il est question dans la pièce suivante :

Inter erat rasos abdomine venter anhelo
  Forte olim ludi pars , Grobiane , tui.
Semper erat victu que satur potu que refertus ,
  Thura dabat mensis non adolenda diis.
Postici edebant male olentia sibila folles ,
  Multa quid ? hic monachus nil nisi flatus erat.
Forsitan ad mensam cum Coenobiarcha sederet,
  Atque unâ monachus carperet iste cibos ;
Ecce velut displosa sonat vesica , decori
  Oblitus , laxo podice grande crepat :
Tum crepitus fratrum bibulas ut transvolet aures,
  Et strepitum pedibus dat , gravitur que screat.
Hic abbas, bone frater , ait , hoc transeat iste.
  Et strepuere pedes et crepuere nates.

et cette épigramme citée par Rodolphe
Gochlenius , sur quelqu'un qui em-
ployait la même ruse.

Rasus erat , memini , cujus postica per anum ,

K

Fistula spirabat semper odore gravi.
Forsan ut accubuit sumpturus prandia , ventris
Mittebat crassum crassa sabura sonum ,
Atne quis missum posset deprehendere bombum ,
En strepitum moto concitat ipse pede.
Tunc strepitus non est crepitus , ridente sub ore ,
Increpitans ventos , Coenobiarcha refert.

Il est donc important de prévenir les
jeunes gens et les vieillards, de s'accou-
tumer à ne point rougir, lorsqu'ils pète-
ront, mais d'en rire les premiers, pour
égayer la conversation.

On n'a point encore décidé si péter en
pissant est un effet malin, ou bénin.
Moi je le crois bénin, et je me fonde sur
l'axiôme assez vrai qui dit :

Mingere cum bombis res est gratissima lumbis.

En effet , pisser sans péter , c'est aller
à Dieppe sans voir la mer.

Cependant , il est ordinaire de pisser
avant que de péter , parce que les vents
aident à la première opération en com-
primant la vessie ; ils se manifestent
ensuite.

Comme il est des privations de tout genre, et qu'un assez grand nombre de personnes ne pètent que rarement et très-difficilement, que par conséquent il leur arrive une infinité d'accidens et de maladies, j'ai pensé que je devais écrire pour eux, et placer ici les remèdes et les moyens qui peuvent les exciter à rendre les vents qui les tourmentent. Je dirai donc en deux mots, qu'il y a deux espèces de remèdes, pour provoquer les vents, les *internes* et les *externes*.

Les *internes* sont l'anis, le fenouil, les zédoaires, enfin tous les carminatifs et les échauffans. Les *externes* sont les clystères et les suppositoires. Si l'on fait usage de tous les deux, on sera certainement soulagé.

On demande s'il y a analogie entre les sons, si on peut les marier et en faire un ensemble de musique pétifique ? On demande aussi combien il y a de genres de pets, par rapport à la différence du

K 2

son ? Quant à la première question, un musicien très-célèbre répond du succès de la musique demandée, et promet incessamment un concert de ce genre. A l'égard de la seconde question, on répond qu'il y a soixante-deux sortes de sons parmi les PETS. Car, selon Cardan, le podex peut produire et former quatre modes simples de pets, l'*aigu*, le *grave*, le *réfléchi*, et le *libre*. De ces modes, il s'en forme cinquante-huit, qui avec, l'addition des quatre premiers, donne dans la prononciation 62 sons, ou espèces différentes de *pets*. Les compte qui voudra. *Qui potest capere, capiat.*

Il y a trois causes principales de la variété de ces sons, savoir : la *matière du vent*, la *nature du canal* et la *force du sujet.* Si la matière du vent est sèche, le son du PET est clair. Plus elle est humide, plus il est obscur ; plus elle est égale et de même nature, plus il est simple ; plus elle est hétérogène, plus il est multisonore.

Si le canal est étroit, le son sera aigu ;
s'il est large, le son sera grave. La
preuve résulte de la grosseur ou de la
délicatesse des intestins, dont l'inanition
ou la plénitude influe beaucoup sur le
son, car on sait que ce qui est vuide est
plus sonore que ce qui est plein. La
troisième cause de la différence du son,
consiste dans la vigueur du sujet. Plus
la nature pousse fortement et vigou-
reusement, plus le bruit du pet est grand,
plus il est étoffé.

Il est donc clair que la différence des
sons naît de la différence des causes. On
le prouve facilement par l'exemple des
flûtes, des trompettes et des flageolets.
Une flûte à parois épaisses et larges,
donne un son obscur. Une flûte étroite
et mince en rend un clair ; enfin, une
flûte dont les parois tiennent le milieu
entre l'épais et le mince en rend un mi-
toyen. La constitution de l'agent est
encore une cause qui prouve cette asser-

K 3

tion. Que quelqu'un , par exemple , qui a le vent bon , embouche une trompette , il en tirera infailliblement des sons très-forts ; et le contraire arrivera , s'il a l'haleine faible et courte. Disons donc que les instrumens à vent sont bien inventés et bien utiles pour l'appréciation des pets. Par eux , on tire des conjectures très-certaines. O admirables flûtes , tendres flageolets ! graves cors de chasse ! etc. Vous êtes bien faits pour être cités dans l'art de péter , quand on vous embouche mal ; mais vous savez rendre une raison juste d'un son perçant ou grave , quand une bouche habile vous fait résonner. Soufflez donc habilement , musiciens.

L'estime que m'inspire un confrère laborieux me fait une loi de citer la nouvelle machine que vient d'inventer le cit. Regnier , membre du Lycée de Arts , auteur d'une foule de découvertes utiles à l'humanité. Son aéromètre , servant à fixer là durée et la force de l'air, peut être employé avec succès pour déterminer la nature et la force du PET, et je n'ai pas dû le passer sous le silence. (Voyez l'annuaire du Lycée des Arts, ou l'on trouve tout, excepté mon nom, et je vous dirai un autre jour le POURQUOI.)

QUESTION MUSICALE. DUO SINGULIER. BELLE INVENTION POUR FAIRE ENTENDRE UN CONCERT A UN SOURD.

Un savant allemand a proposé ici une 1estion très-difficile à résoudre; savoir 'il y a de la musique dans les PÉTS ? *istinguo*. Il y a de la musique dans les ets diphtongués, *concedo* : dans les utres, *nego*.

La musique que produisent les pets phtongues, n'est pas de celle qui s'exrime par la voix, ou par l'impulsion de uelque chose de sonore, comme d'un iolon, d'une guitarre, d'un clavecin, tc. Elle ne dépend que du méchanisme

du sphincter de l'anus, qui se resserrant
ou s'élargissant, forme des sons graves
ou aigus. Les pets diphtongues font seuls
de la musique.

Deux petits garçons, mes compagnons
d'école, avaient chacun un talent qui
nous amusait tous trois. L'un rotait tant
qu'il voulait sur différens tons, l'autre
pétait de même. Le dernier, pour y
mettre plus d'élégance et de rafinement,
se servait d'un petit clayon à égouter les
fromages, sur lequel il ajustait une
feuille de papier; puis s'asseyant dessus
à nud, et tortillant les fesses, il rendait
des sons organiques et flûtés de toute
espèce. La musique n'était pas à la vérité très-harmonieuse, ni les modulations
fort savantes; il serait même difficile
d'imaginer des règles de chant pour un
pareil concert, et de faire aller ensemble,
comme il faut, les bas et haut-dessus,
les tailles et basses-tailles; les hautes et
basses-contres, mais un habile composi-

teur pourrait en tirer un systême musical digne d'être transmis à la postérité, dans le poëme de l'espagnol *Yriarte*, sur cet art. C'est une diatonique distribuée à la Pythagoricienne, dont on trouvera les *chroma*, en serrant les dents, on réussirait certainement. Veut-on obtenir des sons aigus ? choisissez un corps rempli de fumées subtiles et un anus étroit. Voulez-vous des sons deux fois plus graves ? faites jouer un ventre plein de fumées épaisses et un canal large. Le sac à vents secs rendra les sons clairs, et le sac à vents humides, des sons obscurs. Le bas ventre est une orgue polyphtongue, d'où l'on peut tirer, comme d'un magasin, au moins douze tropes ou modes de sons, dont on choisira seulement ceux consacrés à l'agrément, tels que le *lyxoleidien*, l'*hypolyxoleidien*, le *dorique* et l'*hypadorique*. Ce qui est trop sensible détruit le sentiment. *A sensibili in supremo gradu des-*

truitur sensibile, c'est un axiôme de philosophie. On ne fera donc rien que de modéré, et l'on sera sûr de plaire. Autrement, on épouvanterait, en imitant les sons bruyans des cataractes de Schaffouse, des montagnes d'Espagne, des sauts de Niagara ou de Montmorency dans le Canada, qui rendent les hommes sourds et font avorter les femelles, avant qu'elles soient grosses.

Avant de finir ce chapitre, je ne puis, en bon citoyen, me dispenser de dédommager des torts de la nature ceux de mes amis envers lesquels elle a usé de rigueur. Il s'agit de faire participer un sourd à cette musique.

Il prendra donc une pipe à fumer, en appliquera la tête à l'*anus* d'un concertant, et tiendra l'extrémité du tuyau entre les dents, comme on tient une montre par le bouton pour en observer le battement. Par le bénéfice de la contingence, il saisira tous les intervalles des sons dans toute leur étendue et leur douceur. Nous en avons plusieurs exemples dans *Cardan* et *Baptiste Porta*, de Naples. Si quelqu'autre personne qu'un sourd, veut avoir ce plaisir et participer au goût, il pourra, comme le sourd, tirer fortement son vent. Alors, il recevra toutes les sensations et toute la volupté qu'il en pourra prétendre.

DU PET MUET MAL – PROPREMENT DIT VESSE. DIAGNOSTIC ET PROGNOSTIC.

Il s'agit maintenant de nous faire comprendre sans parler. Les *pets* muets vulgairement appellés *vesses*, n'ont point de son, et se forment d'une petite quantité de vents très-humides. On les nomme en latin VISIA, du verbe *visire*, en allemand *feistein*, et en anglais *fitch*, ou *vetch*. Elles sont *sèches* ou *foireuses*. Les sèches sortent sans bruit, et n'entraînent point avec elles de matière épaisse. Les *foireuses* sont au contraire composées d'un vent taciturne et obscur, et emportent toujours avec elles un peu de matière liquide. Elles ont la vélocité d'une flèche ou de la foudre, et sont insupportables par l'odeur fétide qu'elles exhalent. Jean Despautère a dit qu'une liquide jointe à une muette dans la même syllabe, rend brève la voyelle douteuse, ce qui signifie que l'effet de la vesse foireuse est très-prompt.

Un diable du pays latin voulant un jour lâcher un pet, et ne faisant qu'une vesse foireuse, s'écria avec colère et indignation, en maudissant la trahison de son derrière : *nusquam tuta fides ?* Il n'y a donc plus de bonne foi dans le monde ! On fait donc très-bien, quand on craint ces vesses, de mettre bas les culottes, et de lever sa chemise, avant de les lâcher. Il faut être sage, prudent et prévoyant.

Les vesses foireuses sortant sans bruit,

sont

sont un signe qu'il n'y a pas beaucoup
de vents. La partie liquide qu'elles entraînent donne lieu de croire qu'elles
sont salutaires. Elles indiquent la maturité de la matière, et qu'il est tems de
soulager ses reims, suivant cet axiôme :

Maturum stercus est importabile pondus.
C'est un lourd fardeau que l'euvie d'aller à la
selle.

DE PETS OÙ VESSES AFFECTÉES ET INVOLONTAIRES.

Le *pet affecté* ne se passe guères
parmi les honnêtes gens, si ce n'est
parmi ceux qui logent ensemble et qui
couchent dans le même lit. Alors, on
affecte d'en lâcher pour se faire rire, ou
pour se faire pièce ; on les pousse si do-
dus et si distincts, qu'on pourrait les
prendre pour des coups de couleuvrines.
J'ai connu une dame qui se couvrant
l'anus avec sa chemise, s'approchait d'une
chandelle récemment éteinte, et pétant

L

et vessant lentement et par gradation ,
la rallumait avec la dernière adresse.
Mais une autre qui la voulut imiter ne
réussit point , réduisit la mèche en une
poudre ardente qui se dissipa bientôt en
l'air, et se brûla le derrière, tant il est
vrai que : *Il n'est pas permis à tout le
monde d'aller à Corinthe.* Un amuse-
ment très-joli, c'est de recevoir une vesse
dans sa main, de l'approcher du nez de
celle ou de celui avec qui l'on est couché , pour les faire juger du goût ou de
l'espèce.

Le *pet involontaire* a lieu à l'insçû
de celui qui lui donne l'être , lorsqu'on
est couché sur le dos , ou qu'on se baisse,
ou qu'on fait de grands éclats de rire ,
ou enfin , quand on éprouve de la crainte.
Celui-là est ordinairement excusable.

EFFETS UTILES DES PETS ET DES VESSES.

Tout pet est salutaire par lui-même ,
en tant que l'on se débarrasse d'un vent

qui incommode. Cette évacuation détourne plusieurs maladies, la fureur, la douleur hypocondriaque, la colique, les tranchées, la passion iliaque, etc. Mais lorsqu'ils remontent, ou ne trouvent pas de sortie, ils attaquent le cerveau par la prodigieuse quantité de vapeurs qu'elles y portent, corrompent l'imagination, rendent mélancolique, frénétique, et engendrent d'autres maladies très-fâcheuses. De-là, les fluxions qui se forment par la distillation des fumées de ces météores sinistres, et qui descendent dans les parties inférieures : heureux quand on en est quitte pour la toux, et les catharres. Le plus grand mal est d'être incapable de toute application, et rebuté par l'étude et le travail. Partez comme moi de ce principe, cher lecteur, qu'il y a une utilité particulière à péter ; je vais en citer plusieurs exemples.

Une dame, dans un cercle nombreux,

est attaquée d'un mal de côté : allarmée
d'un accident si imprévu, elle quitte une
fête qui semblait n'être faite que pour
elle, et dont elle était l'ornement. On
s'agite, on s'inquiète, on vole à son secours. La faculté s'assemble à la hâte,
consulte, raisonne, cherche la cause du
mal, cite force auteurs, s'informe de la
conduite et du régime de la dame. La
malade s'examine et se rappelle qu'elle
a imprudemment retenu un gros pet qui
lui demandait son congé.

Une autre, sujette aux vents, retient
douze gros *pets* captifs, qui successive-
ment essaient de se faire jour. Elle se
met à la torture, pendant une longue
séance, et se présente à une table bien
servie, croyant y faire figure. Qu'arrive-
t-il ? elle dévore des yeux des mêts auxquels elle ne peut toucher. Tout est
plein, son estomach rempli de vents,
ne peut plus recevoir de nourriture.

Un petit maître, un abbé poli, un

grave magistrat, tous trois également
contrefaits, font de leur corps une ca-
verne d'Eole ; ils y introduisent les
vents, l'un par ses éclats, l'autre ses
doctes entretiens, le dernier dans ses
longues harangues. Bientôt ils sentent
l'effort d'une violente tempête intestine,
se roidissent contre sa fureur. Pas un
d'eux ne lâche le moindre pet ; de re-
tour chez eux , une violente colique
que toute la pharmacie ne peut appaiser,
les abat impitoyablement, et les met à
deux doigts de la mort.

Que de biens ne procure point un pet
lâché à propos. Il dissipe tous les symp-
tômes d'une maladie sérieuse , il bannit
toutes craintes et tranquillise par sa présence les esprits allarmés. Tel se croyant
dangereusement malade , appelle tous les
sectateurs de Galien , qui tout-à-coup
faisant un pet copieux , remercie la médecine , et se trouve parfaitement guéri.
Tel autre se lève avec un poids énorme

sur l'estomach, et sort du lit tout gonflé.
Il n'a cependant fait la veille aucun excès. Sans goût, sans appétit, il ne prend
aucune nourriture, s'inquiète, s'allarme;
la nuit vient, et ne lui apporte que la
faible espérance d'un sommeil interrompu. A l'instant où il se met au lit,
une tempête s'élève dans la basse région,
les intestins émus semblent se plaindre,
et après de violentes secousses, un gros
pet se fait jour et laisse notre malade
confus de s'être inquiété pour si peu de
chose.

Une femme esclave du préjugé n'avait
jamais connu les avantages du Pet. Depuis douze ans, victime malheureuse de
sa maladie, et de la médecine, elle avait
épuisé tous les remèdes. Eclairée enfin
sur l'utilité du Pet, elle pète librement
et souvent; dès-lors, plus de douleurs,
elle jouit d'une santé parfaite.

Si la *vesse* trouble l'économie de la
société par sa nature malfaisante, le

Pet est son antidote. Il la détruit, et l'empêche de paraitre, lorsqu'il a eu lui-même assez de force pour se faire un passage, car il est évident, d'après tout ce que j'ai dit, qu'on ne vesse que parce qu'on n'a pas voulu péter, et que par-tout où se trouve le frère aîné le Pet, sa sœur, la vesse ne peut se trouver.

Je trouve dans un très-ancien manuscrit, la pièce suivante, qui n'est pas sans mérite, et qui va très-bien à mon sujet.

A I R : *De la Reynie.*

Ah ! je prétends punir votre insolence,
Remarquez bien ce que vous avez fait :
Quoi, vous osez péter en ma présence,
Savez-vous bien où peut aller un pet ?

R É P O N S E.

Un pauvre PET réduit à l'esclavage,
Las de souffrir une sale prison,
Est-il puni pour se faire un passage ?
La liberté fut toujours de saison.

Quoi, pour un PET échappé sans malice,
Ai-je péché contre les réglémens ?

Déclarez-nous, grands juges de police,
Si vous voulez aussi régler les vents.

Un PET est-il assez de conséquence,
Pour élever contre un cul tous nos sens ?
Ce pauvre cul, quoique plein d'innocence,
Pour vous fléchir, vous donne de l'encens.

Jamais un PET, soit dit sans vous déplaire,
Ne fut poussé plus méthodiquement,
J'avais aussi mes raisons pour le faire,
Car jamais PET ne fut sans fondement.

Veillez, ô guet, à nétoyer les rues,
Réglez les jeux, la chair et le poisson ;
Mais sur les culs vous n'avez point de vues,
Un cul peut tout dedans son caleçon.

Que feriez-vous de nous en votre empire,
Disaient les vents du nord et du levant ;
Vous qui grondez contre un simple zéphire
Qui par hasard est venu du Ponant ?

Appaisez donc, Monsieur, votre colère,
A quoi sert-il à moi de disputer ?
Vous permettez à mon âne de braire,
Défendrez-vous à mon cul de PETER ?

Ah ! si j'osais, mais je n'ose le dire,
Ou, si j'osais vous le dire tout bas ;

Je n'en puis plus, mon mal de ventre empire,
Je vais...sous moi.... ne le sentez-vous pas?

Ce serait une injustice de croire que
les rires excités par le PET, sont plutôt
des signes de mépris et de pitié, que la
marque d'une véritable joie. Le PET
contient en lui-même un agrément essentiel, indépendant des lieux et des
circonstances.

Auprès d'un malade, une famille en
pleurs attend le fatal moment qui va lui
enlever un chef, un fils, un frère, un
époux. Quel tableau désespérant et terrible ! tout-à-coup, un PET parti avec
fracas du lit du moribond, suspend la
douleur des assistans, fait naître une
lueur d'espérance et excite encore au
moins un sourire. Si, près d'un moribond, où tout n'inspire que le deuil, le
PET peut égayer les esprits et dilater les
cœurs, doutera-t-on du pouvoir de ses
charmes? En effet, susceptible de diverses modifications, il varie ses agré-

mens, et doit par-là plaire généralement.
Tantôt précipité dans sa sortie, impétueux dans son mouvement, il imite le
fracas du canon ; alors il plaît à l'homme
de guerre ; tantôt, retardé dans sa course,
gêné dans son passage par les deux hémisphères qui le compriment, il imite
les instrumens de musique. Bruyant quelquefois dans ses accords, souvent flexible
et moëlleux dans ses modulations, il doit
plaire aux ames sensibles, et presqu'à
tous les hommes, car il en est peu qui
n'aiment pas la musique, puisque les
brutes même en sont touchées. Le PET
étant agréable, son utilité particulière
et générale étant bien démontrée, sa
prétendue indécence combattue et détruite, qui pourra lui refuser son suffrage ? Cicéron, liv. I. des Offices, dit :
*Ce qui est utile, agréable et honnête,
est censé avoir une bonté et une valeur
réelle.*

Loin de blâmer les péteurs, les aniens encourageaient au contraire leurs disciples à ne se point gêner. Les Stoïciens dont la philosophie était la plus épurée de ces tems-là, disaient que la devise des hommes était, *à la liberté.* Les plus grands philosophes, et Cicéron lui-même, préféraient la doctrine stoïque aux autres sectes qui traitaient de la félicité de la vie humaine. Tous, par des argumens sans réplique ont obligé leurs adversaires, de convenir que parmi les préceptes les plus salutaires à la vie, non-seulement les pets, mais encore les rots, devaient être libres. On peut voir ces argumens dans la 9e. épitre familière de Cicéron à Pœte, 174, et l'on y verra, entre une infinité de bons conseils, celui-ci : *Qu'il faut faire et se conduire en tout selon que la nature l'exige.* Il est donc inutile d'après cela, d'alléguer avec emphase les lois de la pudeur et de la civilité qui, toutes respectables qu'elles sont, ne doivent pourtant pas l'emporter sur la conservation de la santé et de la vie même.

Mais enfin, s'il est encore quelqu'esclave de ce préjugé ; sans le dissuader de péter, nous allons lui donner le moyen de dissimuler au moins son *pet*. Il aura donc soin de l'accompagner d'un vigoureux *hem*, *hem*. Si ses poumons ne sont pas assez forts, il affectera un grand éternuement ; alors, il sera accueilli, fêté même de toute la compagnie, et comblé de bénédictions. S'il ne peut ni l'un, ni l'autre, il crachera bien fort, ou remuera bien fort sa chaise. S'il ne peut faire tout cela, qu'il serre les fesses bien fort. La compression et le resserrement du grand muscle de l'anus rendra femelle ce qui devait être mâle. Cette malheureuse finesse fera payer bien cher à l'odorat ce qu'elle épargne à l'ouïe, mais je ne garantis pas des suites funestes de cette ruse, et je conclus qu'il vaut mieux, comme l'archevêque que je vais citer,

appeler

appeller l'attention sur un autre objet,
par une transition ingénieuse :

Notre archevêque Mitra,
Prélat de bonne figure,
Fit l'autre jour un gala,
Où l'on ne but point d'eau pure.

Un chanoine gros et gras,
Et d'une épaisse encolure,
Fit le plaisir du repas ;
J'en vais conter l'aventure.

Assis sur son perroquet,
Siège étroit pour sa quarrure,
Il tomba sur le parquet,
Sans se faire une blessure.

Etendu comme un crapaud,
Tout prêt à créver d'enflure,
Il nous lâcha bien et beau
Un vent de mauvaise augure.

Au bruit de cet accident,
Chacun rit outre mesure,
Monseigneur dit gravement:
Buvons tous, je vous conjure.

Dans le siècle dernier, une vieille

M

femme, sourde comme un pot, faisait ses prières dans l'église de Bonne-Nouvelle, à Paris. Profondément baissée devant l'image de Marie, elle lâchait à plusieurs reprises des *pets* assez intelligibles. « Bonne femme, lui dit charitablement quelqu'un qui, placé derrière elle, les recevait de la première main, bonne femme, vous pétez... Ah! monsieur, répliqua-t-elle, je vous demande bien pardon; j'ai le malheur d'être sourde, et je croyais que c'était seulement des vesses ». Il arriva la même chose à Œthon, qui n'était pas sourd, au rapport de Martial, livre 12. épigr. 78., qui finit ainsi :

» *Sed quamvis sibi caverit precando,*
» *Compressis natibus Jovem et salutet,*
» *Turbatus tamen, usque et usque pedit,*
» *Mox Œthon, deciesque, viciesque.*

Mes lecteurs me sauront gré de leur offrir l'énigme suivante :

» *Ante domum quidam, seclam coeco parat antro,*
« *Proripere incautus, nil metuensque mali,*
» *Nam se exissecratus, quidam arcte comprimit, ipsis*
» *ipsis*
» *In foribus ; clamor surgat ut inde gravis.*

SOLUTIO.

» *Absque sono flatus saepe affectatus acuto,*
» *Non affectatum ventris it in crepitum.*

Henri BEBELLE, dont les facéties composées en 1506 sont si rares, que M. de la Monnoye lui-même paraît n'en avoir eu aucune connaissance, puisqu'il n'en dit rien, et que l'on ne trouve le titre de ce livre sur aucun catalogue, nous a conservé le trait suivant :

Un orateur lâcha un PET, en présence du grand Sigismond, duc d'Autriche, qu'il haranguait : « Si vous voulez parler, dit-il en se retournant vers son derrière, il faudra que je me taise ». Puis, sans faire paraître le moindre embarras, il continua sa harangue. Sa présence d'esprit et son ton flegmatique, dans un moment si périlleux, plurent tant à ce Prince qui aimait la gaîté, qu'il eut depuis lors toutes sortes d'égards pour cet orateur facétieux. Voilà la fortune d'un littérateur due à un pet. Il y a tant d'ouvrages encore meilleurs que celui-ci, qui ont conduit l'auteur à l'hôpital !

En voici encore un tiré du même auteur :

Un prêtre baptisait un enfant. Lorsqu'il en fut à ces paroles de l'exorcisme : *il fit de la boue avec son crachat*, la sage-femme qui tenait l'enfant et qui se baissait pour ramasser de la poussière, lâcha un pet énorme. Le prêtre étonné quitte sa lecture. « Voyez, dit-il aux assistans, quelle est la force miraculeuse des paroles sacrées, j'ai commandé à Satan de sortir, il est sorti, en remplissant l'air de sa puanteur, comme vous devez le sentir ». La femme déconcertée, et qui n'a pas entendu ce qu'a dit le prêtre, dit que c'est l'enfant qui a pété

et non pas elle. — Que le mal Saint-Jean
t'arde, répond l'autre irrité. Car si tu
es aussi impoli en naissant, en présence
d'un prêtre respectable et dans un lieu
saint, que feras-tu donc, dans un âge
avancé ? »

Le père des Calembourgs, le fameux
marquis de Bièvre, a dit plusieurs choses
très-plaisantes sur le Pet. Comme j'écris
de mémoire, et que cette partie de mon
moral, jadis bien fournie, me manque
souvent au besoin, je citerai seulement
cette plaisanterie. Quelqu'un disait dans
une société où il se trouvait, que la
guerre était un terrible fléau, mais
qu'heureusement il courait des bruits de
paix (de *pet.*) oh ! pour cela, dit le
marquis, *ce n'est pas sans fondement.*
L'orateur qui se disposait à faire de l'esprit sur son texte, fut arrêté tout court,
au milieu de son vol, et tout le monde
rit encore. (Le lecteur ne trouvera pas
à présent le mot très-neuf).

M 3

Mais je m'apperçois avec chagrin que le nombre obligé des pages que doit avoir mon volume, me force de finir, je remets donc à une autre édition tout ce qui me reste à dire sur le PET, ou aux deux ouvrages indiqués dans ma préface, si toutefois vous pouvez les trouver; et avant de fermer le volume, je veux vous donner un conseil dont vous sentirez toute l'importance.

Si vous êtes dans un cercle nombreux, où un ignorant *incroyable* trouve le secret d'ennuyer, s'il vous assomme depuis une heure par mille impertinences débitées en arrangeant sa cravatte, relevant ses bottes, montrant ses dents, étalant ses graces, soyez sûr que cet impitoyable ennemi de la société ne pourra résister à l'attaque d'un PET, qui l'arrêtera tout court, au milieu de l'éructation de ses sottises, tirera tous les esprits de la captivité, en faisant diversion au babil assassin de leur ennemi commun.

— S'il arrive qu'une assemblée brillante garde depuis deux heures un silence plus morne que celui des anciens chartreux ; si, les uns par ignorance, les autres par timidité, enfin par cérémonie, on est près de se séparer sans avoir prononcé un seul mot, soyez sûr que le P E T va ranimer tout le monde, épanouir les figures, dilater les cœurs, et prodiguer tous les charmes d'une conversation enjouée, saupoudrée de critique et de plaisanterie. D'où je conclus que le PET est le père de la joie, de la santé, de l'esprit, et de la liberté. J'ai fini. Adieu.

Claudite jam rivos pueri, sat prata biberunt.

P. S. Il a paru, il y a long-temps, un *Art de péter,* parodié sur l'art poëtique de Boileau, et une pièce intitulée : *Généalogie de Milord* PET ; mais il m'a été impossible de me procurer ces ouvrages. Il vient de paroître une pièce intitulée *Caquire,* par M. de *Vessaire,* parodiée de *Zaïre,* 1 vol. in-8°. qui se trouve chez les mêmes libraires.

RÉGLEMENT PROVISOIRE

DE LA SOCIÉTÉ

DES FRANCS-PÉTEURS.

Tout récipiendaire doit avoir un état au moins honnête, de l'aisance et une sorte de crédit dans le monde.

Il ne sera admis qu'aux deux tiers des suffrages.

L'épreuve sera d'un an entier.

On ne prendra point d'argent pour la réception d'un Franc-péteur. On devrait payer au contraire les hommes assez courageux pour oser devenir libres et procurer la liberté aux autres.

Il faudra, pour être reçu, n'avoir pas moins de 24 ans, et pas plus de 60.

On exige du récipiendaire une disposition marquée pour l'éloquence, et surtout la connaissance de sa langue.

Les Francs-péteurs n'auront au-dehors aucunes marques distinctives. Dans leurs assemblées seulement, ils porteront au cou un ruban blanc, au bout duquel pendra la figure en or de Zéphire, couronné de toutes sortes de fleurs, avec cette devise : A LA LIBERTÉ.

Le lieu des séances se nomme *Case*.

La formule du serment pour être reçu, est conçue en ces termes : « Tenant à grand honneur d'entrer dans la société des Francs-péteurs, je promets une constante soumission à son directeur et une tendre amitié à tous les frères. Ennemi déclaré du préjugé, je le combattrai en tous lieux, en pétant librement, souvent et méthodiquement ».

Cette formule prononcée à haute voix sera suivie d'une canonade ou salve de pets, en signe d'allégresse.

Les repas se font dans la salle du *Zéphire* ou de la *Liberté*.

Les discours d'éloquence ne seront prononcés que dans la *Case*, ainsi que les bons poëmes et odes, à l'honneur du Pet.

Les petits madrigaux , quatrains , épitres , stances et couplets ne seront reçus qu'à table.

Les Francs-péteurs ne feront des vers que dans l'intention de faire ensuite de meilleure prose.

Les applaudissemens ne se manifesteront que par le bruit des pets. L'improbation, par le silence.

Le recueil sera publié tous les ans , et marchera de pair avec celui des mille et une autres sociétés en vogue.

Tous les deux mois, on tiendra la *Case* ordinaire.

Le conseil tiendra tous les huit jours.

Chaque année , le premier ventôse, époque où les vents impétueux sont censés faire le plus de fracas , sera l'assemblée générale , où les officiers de chaque case feront l'extrait des délibérations du conseil ; les trésoriers y rendront leurs comptes. Les réflexions et observations seront proposées par écrit et signées de leur auteur.

Chaque case est composée d'un directeur, d'un vice-gérent ou directeur en second, d'un orateur, d'un foudroyant, d'un introducteur et d'un trésorier.

Tous les officiers composeront le conseil, et y appelleront les cinq derniers officiers sortans de charge, avec les plus anciens frères ; de sorte qu'ils seront toujours au nombre de douze.

Il n'y aura point de chef, ni de secrétaire-général, ou perpétuel, car leur autorité balancerait d'abord et neutraliserait ensuite le pouvoir de l'universalité.

Il ne pourra y avoir absolument qu'une Case d'établie dans chaque ville, excepté à Paris, où il y en aura trois, l'une au centre et les deux autres répondantes à l'orient et à l'occident.

Chaque Case ne pourra être composée que de trente sujets exclusivement. Ils suffisent pour ramener à la liberté des concitoyens de bonne foi.

La société aura des correspondans dans toutes les communes de la République ; et dans les pays étrangers, un chef de correspondance, auquel tous les autres associés rendront compte de leurs opérations.

On s'assemblera tous les deux mois, à 8 heures du matin, en été, et à dix en hiver. On fera un dîner honnête, mais frugal.

Il n'y aura point de frères du second ordre.

Nota. Si la société a lieu, on donnera plus d'étendue à ce réglement, mais le nom de la société ne changera pas.

FIN.

NOTE

NOTE BIBLIOGRAPHIQUE.

LES littérateurs qui, comme moi, voudroient se délasser de travaux plus sérieux, par la traduction des autres éloges comiques, seront bien aise sans doute de connaître l'ouvrage suivant, dans lequel ils trouveront une vaste carrière.

Il est intitulé : AMPHITHEATRUM SAPIENTIÆ SOCRATICAE JOCO-SERIÆ, hoc est, *Encomia et commentaria auctorum quà veterum, quà recentiorum propè omnium; quibus res, aut pro vilibus vulgò aut damnosis habitae, styli patrocinio vindicantur, exornantur : opus ad mysteria naturæ discenda, ad omnem amœnitatem, sapientiam, virtutem, publicè privatèquè utilissimum, in 2 tom. partim ex libris editis, partim manuscriptis congestum tributumque, à* GASPARE

N

Dornavio philosopho et medico. Hanoviæ, typis Vechelianis, 1619, in-folio.

C'est dans ce recueil précieux que j'ai puisé une partie de mon éloge du Pét.

Voy. pag. 349, *Rodolphi Goclenii problemata de crepitu ventris;* et pag. 355, *De peditu ejusque speciebus, crepitu et visio, discursus methodicus in theses digestus, autore Buldriano Sclopetario, Blesense. Clareforti, apud Stancarum Cepollam, sub signo divi Blasii,* 1596.

Parmi les éloges que contient ce recueil, et que nous n'avons pas cités dans la préface de cet ouvrage, pour ne pas la rendre trop longue, voici ceux qui nous paraissent les plus dignes de trouver des traducteurs :

De la Fourmi, par *Erasme Ebner*, page 80.

Du Fer. *Nicolas Monard.* 614.

De l'Eléphant. *Juste Lipse.* 480.

De l'Alouette. *Ulys. Aldrovand.* 466.

Du Plongeon. *Jacq. Eyndius* 468.

De l'Hirondelle. *Par le même.* 457.

De la Pie. *Par le même.* 465.

De la Grue. 470.

Du Geai. *Par le même.* 455.

Du Corbeau. *Jov. Pontanus.* 454.

De la Chouette. *Euricius Cordus.* 455.

Du Veau. *Mich. Mayer.* 505.

Du Mouton. *Par le même.* 504.

Nota. Je me propose de publier ceux des *Poux*, de la *paille*, de la *boue*, de la *cigogne* et de l'*œuf*, si celui-ci a le succès que j'en espère.

NOTES OMISES.

A la page 79. PET DE NONNE.

Les nones ont donné le nom de PET à une de leurs pâtisseries les plus exquises. Tout le monde connaît les *pets de nonne*, dont les directeurs, les abbés, les pater et les prélats, étaient si friands et toujours si bien approvisionnés. Ce PET est une espèce de croquignolle, un beignet de forme globulaire, appelé en latin : *monialis crepitus*.

A la page 106.

Un homme se trouvant dans un cercle nombreux après le dîner, se tenoit debout, appuyé sur la cheminée, et tournant le dos au feu, comme cela se pratique assez ordinairement. La trop vive chaleur du feu, qui l'incommodoit beaucoup, provoqua chez lui un vent des mieux conditionnés. Il s'en excusa en homme d'esprit et sans se déconcerter : » Je vous demande mille pardons, dit-il, » mais je suis de la nature du bois vert, » quand je brûle, je pète ».

POESIES FUGITIVES.

LA PUCE,

Traduite du latin d'Ovide,

Insecte imperceptible et pourtant redoutable,
Dont le dard importun plonge avec volupté
Sur la peau de satin qui couvre un sexe aimable,
Quels termes employer contre ta cruauté ?

De son sang le plus pur je te vois altérée,
Nuancer de son corps les roses et les lys,
D'un ébène inégal , d'une tache pourprée
Qui déparent l'éclat de ses membres polis.

Lorsque d'une beauté qui doucement som-
    meille ,
Tu ne respectes point les plus parfaits con-
    tours ;
Je la vois tressaillir ; elle bondit , s'éveille ,
Et perd un songe heureux qu'inspiraient les
    amours.

Errant impunément sur deux sphères de neige,
Tu parcours en tyran les états de Cypris ,
Rien n'est inaccessible à ton cours sacrilège ,
Par-tout tu fais du mal et te crois tout permis.

Je souffre , j'en conviens , des mortelles bles-
    sures
Dont tu couvres les flancs de la beauté qui
    dort ;
Sur ses appas secrets tes nombreuses morsures
Outragent un réduit fait pour un plus beau
    sort.

Ah ! pour te pardonner, il faut être toi-même,
Déjà ton ennemi , que ne suis-je le mien !
Que je meure, jaloux de ton pouvoir suprême,
Si bientôt je n'acquiers un sort égal au tien.

Signalant sa bonté par un charmant prodige ,
Si la nature en toi voulait me transformer !
Et puis me rendre moi : quels plaisirs ! mais
    que dis-je ?
Puce, je jouirais : mais, qu'est-ce sans aimer ?

N'importe , il faut calmer le feu qui me dévore,
Ne pourrai-je devoir à quelqu'enchantement ,
Aux talens précieux du serpent d'Epidaure
L'ivresse que promet un si doux changement ?

Des philtres de Circé, des charmes de Médée

Le pouvoir est connu dans le vaste univers,
Je devrais à leur gloire, alors bien décidée,
Changeant d'être à mon gré, mes plaisirs les
    plus chers.

Oh ! comme profitant de la métamorphose,
Et sous son dernier voile adroitement caché,
Je serais à Cloé, quand sa paupière est close,
Sans lui faire de mal, fortement attaché !

Ensuite, parcourant un plus sombre parage,
Je glisserais sans bruit vers le temple sacré,
Où nul autre avant moi n'a porté son hom-
    mage,
Où le trait de l'amour n'a jamais pénétré.

Jusqu'à l'aube du jour poursuivant ma vic-
    toire,
Je redeviendrais homme, afin de mieux sentir;
J'appaiserais ma belle, en me couvrant de
    gloire;
En la persuadant de tout mon repentir.

Mais, si de ce miracle effrayée et surprise,
Mon amante à mes feux opposant son cour-
    roux,
Appellait ses valets : alors, sans lâcher prise,
Je redeviendrais puce et les braverais tous.

Ensuite avec Cloé, libre par leur absence,
De ma première forme empruntant le moyen,
Je prendrais à témoins les dieux, de ma cous-
    tance,
Je saurais la réduire à ne refuser rien.

Moitié gré, moitié force, enfin Cloé vaincue,
De ses trésors secrets me faisant l'abandon,
Dirait, en soupirant, languissante, abattue,
Ah! ne me quitte plus, et reçois ton pardon.

LA PUCE,

Traduite du latin de Nicolas MERCIER
de Poissy (1).

AH! te voilà donc enfin prise!
Maudite puce, je te tiens,
Pour te perdre dans ma chemise
Tu prends d'inutiles moyens.

---

(1) Nicolas MERCIER, de Poissy, professeur
de troisième au collège de Navarre, à Paris,
et sous-principal des grammairiens, mort en
1657. On a de lui 1°. un *Manuel des Grammai-*
riens ; 2°. un poëme latin intitulé : *De officiis*

De mon repos vile adversaire,
Depuis assez long-temps ton dard,
Sur ma peau se donnant carrière,
Rend vains ma recherche et mon art.
O bonheur ! viens donc, scélérate,
Il faut, puisque je suis vainqueur,
Que ma juste vengeance éclate
Et punisse enfin ta noirceur.
Oh ! comme elle fait l'hypocrite!
Lorsque sur elle l'ongle pend.
Voyez comme, sans mouvement,
Du châtiment qu'elle mérite
Elle espère éloigner l'instant,
Me tromper et prendre la fuite.
Ton espoir est vain, tu mourras,

Scolasticorum ; 3º. une excellente édition d'Erasme ; 4º. *De Conscribendo epigrammate, opus curiosum.* 2 part. *Paris*, 1653, in-8º. belle édition, ornée d'un frontispice et du portrait de l'auteur.

La république des lettres compte beaucoup d'écrivains qui ont porté le nom de Mercier : comme on confond tous les jours leurs ouvrages, je donnerai quelque jour leur biographie, avec une dissertation onomatique, sur l'origine de ce nom, dans la langue Celtique.

Perfide! rien de ma colère
Ne peut suspendre les éclats.
Mais avant tout, il faut me faire
L'aveu de tous tes attentats.
Dis, combien de fois tes morsures,
Le jour, la nuit, à tout propos,
Ont troublé par mille blessures,
Mes études et mon repos.
Tu ne dis rien, mais le silence
Me prouve encore ton offense.
Monstre! allons, donnez-moi de l'eau,
Du fer, du feu; que son supplice,
Sous cent formes toujours nouveau,
Bien lentement l'anéantisse.
Ces pattes, il faut les trancher;
Bon! noyons maintenant la tête,
Et livrons son corps au bûcher
Que j'ai construit d'une allumette.

Ensuite, oubliant le délit,
D'un grain de millet je vais faire
La petite urne funéraire,
Dont le socle est le pied du lit.
Par cette succinte épitaphe,
Dans le style élégiographe,
Avertissons toutes ses sœurs
De mettre un terme à leurs noirceurs.
Je veux que leur troupe éperdue,

Tremble enfin et fuie à la vue
De ces épouvantables mots :
» Ci-gît, après de longs supplices,
» Une puce auteur de mes maux ;
» Ainsi périront ses complices,
» Qui pourraient troubler mes travaux ».

ÉPITRE AU PLAISIR.

O toi, dont la sublime essence,
Les attraits, la douce influence
Nous annoncent de ton auteur
La sagesse et la bienfaisance,
Ame de la nature immense !
Salut ! adorable enchanteur !
D'un ami des arts et des roses,
Qui cherche tes effets, tes causes,
Embellis les loisirs touchans,
De tes fleurs récemment écloses,
Des coloris dont tu disposes
Viens animer mes faibles chants.

Plus habile à sentir qu'à peindre,
Je ne te cherche pas, sans craindre,
Au milieu de nos passions :
Je veux te contempler, t'atteindre,
Te savoir, te fixer, sans feindre

Tes profondes impressions.
Je pourrai manquer ton image ;
Sur l'aîle d'un léger nuage ,
Tu peux échapper à mes yeux ;
Mais si de mon stérile hommage
Un seul sentiment est l'ouvrage ,
Si j'attendris, je suis heureux.

A des calculs métaphysiques ,
A des discours scientifiques
D'Estaing (1) donnant un vaste essor ,
Me laisse le cœur froid et vuide ,
L'homme de t'embrasser avide ,
En te voyant, te cherche encor.
Je veux à ses mains enfantines
Offrir des roses sans épines ,
Et le sentier le plus riant ;
D'ailleurs, de ta faveur suprême
Je ne jouirais plus moi-même ,
On te perd en t'analysant.

Quand, pour s'aimer dans son ouvrage ,
Dieu construisit à son image
Le type des êtres divers ,
Toi seul, par ta chaleur féconde ,

_____

(1) Voyez le recueil, que j'ai publié, des poëmes sur le Plaisir et la Volupté ; 2 vol. in-18, fig.

O

Animas et peuplas du monde
Les mornes et trop froids déserts.
Avec l'astre dont la lumière
Embrase la nature entière,
Dieu te fit jaillir de ses mains ;
Docile à ta voix salutaire ,
Par toi des femmes la première
Charma le premier des humains.

Alors , timide , alors sans ailes,
Riche des graces naturelles ,
Et pur , comme un rayon du jour ,
Tu fus placé par la nature ,
Sur une touffe de verdure ,
Auprès de l'innocent amour ;
Las des travaux de la campagne ,
Auprès de sa chaste compagne
Abel te retrouvait le soir ;
Des fruits offerts par la tendresse
De leurs feux tempéraient l'ivresse ,
Lorsqu'entr'eux tu venais t'asseoir.

Dans ses desirs insatiable
Bientôt , à ton instinct aimable
L'homme ennuyé ferma son cœur ;
Son art, en construisant des villes ,
Outrage et détruit tes asyles ,
Un luxe insolent est vainqueur.
Pensant que tu ne peux suffire

A son bonheur, à son délire,
L'homme invente la volupté.
L'intérêt devient son complice,
Mais bientôt pour notre supplice
Naît l'affreuse satiété.

Ah ! tu n'es pas ce que nos vices,
Et nos erreurs, et nos caprices,
T'ont fait dans leur aveuglement ;
Fils et charme de la nature,
Un comme elle et sans imposture ;
Tu n'es que dans le sentiment.
Armé du flambeau des furies,
L'amour dans nos ames flétries
Distille un poison empesté ;
Mais tu détestes ces contrées,
Où le cynisme des Térées,
T'élève un trône ensanglanté.

Les alcôves mystérieuses
Où d'extases voluptueuses
Se bercent d'insensés mortels,
Ces bals où la magnificence
Prodigue l'or à l'indécence
Ne furent jamais tes autels ;
Avec tes étreintes si douces
Je ne confonds pas les secousses
D'une ardente velléité ;
L'*incroyable* parfumé d'ambre

O 2

Te voit mourir dans l'antichambre ,
Au boudoir tu n'as pas été.

Quand , précédé par les haleines
Des zéphirs caressans nos plaines ,
Mai riant vient tout rajeunir ;
Avec lui tu viens dans nos ames
Allumer de nouvelles flammes ,
Et disposer tout à s'unir.
C'est toi seul dont la main brulante
Fait germer , fait croître la plante ,
Et la rend capable d'amour ;
C'est toi qui , la rendant nubile ,
Places sur sa tige fertile
L'époux qui la rend mère un jour.

Dans une douce promenade
Rêver au bruit d'une cascade ,
A tous les heureux qu'on a faits ,
A ceux que l'on peut faire encore ;
A l'orphelin qui nous implore
Rendre l'allégresse et la paix ;
Sur les nuages qu'elle dore
Voir lentement poindre l'aurore
Qui va ranimer les forêts ;
S'environner de la nature ,
Voilà l'ivresse la plus pure !
O plaisir ! voilà tes bienfaits !

A l'Auteur de Gérard de Velsen.

Amsterdam, le 15 juin 1797.

LE GÉRARD DE VELSEN que j'ai publié n'est que ma propre traduction de votre original, entreprise dans les momens qui me restaient des affaires publiques, en 1793, période où votre GÉRARD me vint en mains. J'avais d'abord l'idée d'y ajouter quelques notes historiques, (1) mais crainte d'être regardé comme voulant allumer une chandelle au soleil, je m'en suis passé. D'ailleurs, la politique dans laquelle je me trouvais comme enseveli ne m'en laissa guère le loisir.

Agréez l'hommage que le devoir et le

_____

(1) Ces notes qui n'existaient pas dans la première édition de *Gérard de Velsen*, en 1793, se trouvent dans la seconde, qui est très-augmentée et beaucoup plus correcte.

sentiment m'inspirent, et que je m'empresse aussi de rendre aux rares talens qui vous distinguent si glorieusement. Daignez m'accorder votre précieuse amitié, en me croyant très-respectueusement, etc.

GUILLAUME HOLTROP.

A L'AUTEUR

Des Nuits d'Hiver et de la Conciergerie.

De Vezoul, le 25 Prairial, an 5.

JE lisais avant-hier vos *Nuits de la Conciergerie*, (1) mes sens étaient émus, mon imagination exaltée ; je jettai quelques idées sur le papier, j'y ajoutai des rimes, et c'est ce que j'ose vous offrir aujourd'hui. Pardonnez ce faible hom-

---

(1) Cet ouvrage en 2 vol. *in-18*, se trouve chez les mêmes libraires.

mage : souriez à l'essai d'un jeune homme
de seize ans qui demande et a besoin
d'encouragement et d'exemple.

Quelle ame sensible et naïve
A tracé ces sombres tableaux ?
Quelle voix touchante et plaintive
Gémit au fond de ces cachots ?
Quel pinceau !... quelle touche mâle !
Qu'il sait bien choisir ses couleurs !
Silence ! son chagrin s'exhale !
Qu'il peint bien ses justes douleurs !

O toi dont le tendre délire
Produit des accords si touchans ;
Toi, dont l'harmonieuse lyre
Emeut, échauffe tous mes sens !
Et toi, sa compagne chérie,
Toi qui partageas ses malheurs,
Souffre que mon ame attendrie
Avec vous répande des pleurs.

Quand sur l'émail de la prairie
Un doux songe te fait errer,
Avec toi, dans ta rêverie,
Oh ! qu'il m'est doux de m'égarer !
Quand un autre songe t'inspire,
Te change en guerrier courageux,

A tes côtés je vois, j'admire
Mon pays libre et vertueux.

Quand ta Joséphine inquiette
Vient te consoler en prison,
De mon cœur ma bouche interprête
Répète à chaque instant son nom.
Quand par un ordre sanguinaire,
Plongé vivant sous les tombeaux,
Tu nous retraces ta misère,
Je sens, je partage tes maux.

Que tu sais bien de la nature
Nous peindre les rians attraits !
Que d'une ame innocente et pure
Tu sais bien nous offrir les traits !
Que ton simple et touchant ouvrage
Remplit mes sens de volupté !
Pardonne à ce trop faible hommage,
C'est le cœur seul qui l'a dicté.

RÉPONSE.

A LA LETTRE PRÉCÉDENTE.

QUOIQUE votre trop flatteuse lettre,
citoyen, et vos jolis couplets ne soient si-

gnés que de la lettre initiale B....I, je
crois avoir deviné juste, en vous en
croyant le père, et j'aime mieux courir
le risque d'une erreur, que d'une ingratitude. Recevez l'expression de toute ma
sensibilité : si la vérité ne dicte pas vos
éloges, c'est au moins l'amitié, et ce
dernier sentiment m'est si cher, j'en ai
tant besoin, pour supporter mon infor-
tune, que je lui pardonne tout.

D'une captivité cruelle
Vous louez trop le triste fruit,
Mon cœur, au sot orgueil rebelle,
Par votre encens n'est pas séduit.
La complaisance maternelle
N'a jamais fasciné mes yeux.
Une éloquence naturelle
Est pour moi l'art le plus heureux.

Souffrant, prêt à cesser de vivre,
Ai-je pu croire qu'à ces *Nuits*
Le destin me ferait survivre,
Et finirait mes longs ennuis ?
Dans le sein d'une épouse chère
J'épanchais ma sombre terreur ;

Je ne voulais qu'elle sur terre ,
Pour confidente et pour lecteur.

Le neuf thermidor me rappelle
A ses baisers, à son amour ;
Je ne renaissais que par elle ,
Pour elle je chéris le jour.
De mes mains, la reconnáissánce
Laisse échapper le manuscrit ,
Un voile sert mon impuissance,
Mais l'amour encor me trahit.

C'est à vous de cueillir des palmes
Au Pinde, et la rose à Paphos ,
Vous dont les jours sereins et calmes
S'écoulent dans un doux repos.
Seize ans , ame sensible, aisance ,
Forces , talens, vous avez tout :
La carrière pour vous commence,
Moi , je suis las et suis au bout.

F I N.

TABLE des Matières.

Fin de la table.

www.ingramcontent.com/pod-product-compliance
Lightning Source LLC
Chambersburg PA
CBHW072051080426
42733CB00010B/2078

* 9 7 8 2 0 1 2 6 5 8 7 7 6 *